图书馆文献资源采访实务教程

Library Literature Resources Acquisition Practical Course

平安 著

知识产权出版社
全国百佳图书出版单位
—北京—

图书在版编目（CIP）数据

图书馆文献资源采访实务教程 / 平安著 . -- 北京：知识产权出版社，2022.7

ISBN 978-7-5130-8228-0

Ⅰ . ①图…　Ⅱ . ①平…　Ⅲ . ①图书采购－教材　Ⅳ . ① G253.1

中国版本图书馆 CIP 数据核字（2022）第 115590 号

内容提要

本书介绍了图书馆文献采访工作内容，共分八章：认识文献资源采访、如何制定馆藏发展政策、如何搜集文献出版信息、如何采集和遴选文献资源、如何构建馆藏文献资源体系、如何完成文献招标采购、如何安排文献采访工作、如何拥抱智慧图书馆时代。通过分析国家图书馆外文文献招标实践和特色馆藏建设案例，为同行提供可借鉴的、实操性强的工作方法，并对智慧图书馆时代下文献资源采访事业的创新发展提出思考。

本书适用于图书馆专业教师、学生及图书馆相关工作人员。

责任编辑：田　姝　郑涵语　　　　**责任印制：孙婷婷**

图书馆文献资源采访实务教程

TUSHUGUAN WENXIAN ZIYUAN CAIFANG SHIWU JIAOCHENG

平　安　著

出版发行：	知识产权出版社有限责任公司	网　　址：	http://www.ipph.cn
			http://www.laichushu.com
电　　话：	010-82004826		
社　　址：	北京市海淀区气象路50号院	邮　　编：	100081
责编电话：	010-82000860转8659	责编邮箱：	laichushu@cnipr.com
发行电话：	010-82000860转8101	发行传真：	010-82000893
印　　刷：	北京中献拓方科技发展有限公司	经　　销：	各大网上书店、新华书店及相关书店
开　　本：	720mm × 1000mm　1/16	印　　张：	15.25
版　　次：	2022年7月第1版	印　　次：	2022年7月第1次印刷
字　　数：	240千字	定　　价：	78.00元

ISBN 978-7-5130-8228-0

前　言

随着全球经济社会的发展，尤其在计算机、互联网、移动通信、人工智能技术的不断驱动下，人们学习、工作和生活的方式都已经发生了深刻的变化。在搜索引擎、社交网络和开放获取的驱动下，用户经常能够绕开图书馆而直接获取所需要的文献资源，图书馆传统的文献服务模式已经不能满足用户的需求，图书馆作为文献服务中心的地位已经下降。传统图书馆向数字图书馆、智慧图书馆的发展进程中，图书馆的资源、服务、技术、管理和人员这五大基本要素都发生了巨大变化，图书馆面临着前所未有的新环境和新挑战，这就要求图书馆重新审视这种变化和发展态势，主动调整资源建设和服务内容，避免陷入被动局面。

文献资源是图书馆的核心要素之一，文献资源采访是图书馆最基础的业务之一，是图书馆业务流程的首端，没有高质量的文献采访工作，图书馆就很难提供高质量的服务工作。文献采访既包括宏观的馆藏发展政策的制定，又包括微观的文献精细遴选、数据批量采集；既要完成文献采购项目的预算分配和执行，还要完成采购项目的绩效评估；既需要选书理论、经济管理理论、系统论、控制论的指导，又特别注重对国内外出版行业发展情况的了解，对国内外图书馆的馆藏发展政策制定情况的了解，以及对文献招标采购的合同执行和履约考评等实践的积淀。可以说，文献资源采访是综合性非常强的一项业务工作。

当前图书馆文献资源采访面临的根本问题是图书馆用户的日益增长对文献资源多元化需求和文献资源采访能力发展不充分之间的矛盾。在传统图书馆时代形成的图书馆文献资源采访流程和馆藏体系，已经难以适应数字网络环境下文献信息生产、传播、利用方式的快速变革，图书馆已经遇到来馆用户减少，或者潜在用户消失的窘境。图书馆一些具有优势的馆藏内容和服务内容，已经或者正在被其他机构超越或者代替。图书馆的业务自动化管理集成系统、选书平台、馆藏分析和决策系统等，缺乏现代主流 IT 技术的有力支持。此外，文献购置经费增长有限与文献采购价格不断攀升的矛盾不断加剧，数字资源的版权、著作权、使用许可权益问题凸显。图书馆如何遴选适合本馆的文献资源，如何与其他机构、单位、团体，跨系统、跨行业的实现联合采购，如何提高本国、本地区、本行业、本系统的文献资源战略保障能力，都是值得思考的重要问题。此外，国内图书馆在新兴文献资源的评估、采集、开发和揭示上迈步不大，跟国外一些重要图书馆或者文献收藏机构相比，还有不少差距，需要迎头赶上。

本书从图书馆文献采访工作实践者的视角，面对当下困扰文献采访实践中的遴选难题、招标难题、馆藏发展政策制定难题、采访工作绩效评估难题等问题，阐述了新时期图书馆文献资源采访的主要目标为馆藏发展政策成熟化、文献采访高效化、资源载体多元化、馆藏体系立体化、文献招标工作规范化、采编业务系统智能化、采访工作绩效评估标准化和文献内容遴选精细化。因此，本书有以下三点特色：

1. 紧密联系实际采访业务

本书是写给想要掌握文献采访工作的图书馆馆员，以及想了解图书馆采访工作的图情专业师生和出版行业人员等，是一本教材类图书，与近几年出版的图书馆资源建设类专著的写作侧重点有较大区别。本书重点放在如何开展业务实际工作，希望用最短、最少的时间，让用户基本了解和掌握新时期图书馆文献采访工作的主要内容。

2. 研究内容新颖

在充分吸收和借鉴图情领域专家的学术著作和科研成果的基础上，将近十年来采访实践领域的研究和实践成果纳入到本书中，从而丰富文献资源采访的内容，增加了开放获取资源采集、社交网络资源入藏、智能选书平台、文献招标和非招标采购管理等新内容，调研了近几年国内外重要图书馆和相关文献保障机构的馆藏发展战略规划、国内外重要出版社和书商的出版销售概况等。利用绩效评估的理念，利用国际图书馆质量评估标准等结合国情设计符合国内实际的采访工作绩效评估体系。利用最新的《中华人民共和国公共图书馆法》《中华人民共和国政府采购法》《政府采购非招标采访方式管理办法》《政府采购货物和服务招标投标管理办法》《教育部政府采购管理暂行办法》《普通高等学校图书馆文献集中采购工作指南》《国家图书馆采购管理办法》等法规，对图书馆文献采购活动进行全盘系统梳理。

3. 研究方法多样

为了使论述更加科学严谨，本书使用了案例分析法、比较分析法、统计分析法、综合分析法等研究方法，对文献资源采访各项内容进行细致地分析和阐述。

本文的篇章内容结构如下：

第一章认识文献资源采访。介绍了文献资源的定义、类型、特点，文献资源采访的价值，影响因素，基本原则和主要目标。

第二章如何制定馆藏发展政策。介绍了为什么制定馆藏发展政策，制定馆藏发展政策的基本原则，制定的原则和依据，制定的程序和主要内容是什么。同时，本章介绍了英国国会图书馆、剑桥大学图书馆、旧金山公共图书馆等国外主要国家的相关馆藏发展政策内容。

第三章如何搜集文献出版信息。介绍了当前各种出版类型的特点和其对文献资源采访工作的影响，文献的出版定价策略和销售模式，文献出版信息的收集方式及世界主要出版机构、主要进出口公司、国际书展、重要图书馆年会概况。

第四章如何采集和遴选文献资源。介绍了文献资源的采集方式，文献的采购和购买方式，以及图书、期刊和数字资源的具体遴选方法。

第五章如何构建馆藏文献资源体系。介绍了纸电协调发展策略、新兴资源入藏策略、特色馆藏建设策略、文献资源战略保障体系建设策略。

第六章如何完成文献招标采购。介绍了文献采购的方式、组织、流程、采购需求管理、采购合同撰写和法律责任说明等内容，以及文献招标采购和非招标采购，如何完成采购合同的书商履约考评等。

第七章如何安排文献采访工作。介绍了采访岗位和人员配置，采购工作流程，文献购置项目的预算、分配和评估，构建新型采访工作绩效评估体系。

第八章如何拥抱智慧图书馆时代。介绍了文献资源采访与智慧图书馆之间的关系，介绍了下一代图书馆业务管理系统和智能选书系统等。

由于笔者的学识水平有限，本书不足之处敬请谅解。笔者希望抛砖引玉，引起大家对新时期图书馆文献资源采访工作的关注和思考。如有读者有任何建议和意见，也请各位不吝赐教。

国家图书馆

平安

2022 年 3 月

目　录

第一章　认识文献资源采访

文献资源采访是图书馆最基础的业务之一，不管是传统图书馆时代的“采—编—阅—藏”，还是数字图书馆时代的“采集—组织—揭示—利用”，它都处于图书馆业务流程的首端。没有高质量的文献采访能力，图书馆就很难满足用户的文献需求。本章共六节，依次介绍图书馆文献资源采访的内涵、价值、影响因素、基本原则、难点问题和主要目标。本书统一使用“文献资源”的提法[1]，没有使用“信息资源”[2]，或者“文献信息资源”的提法。对于这些概念的辨析，不是本书要表达的主要内容，建议读者学习相关专家的论述[3][4]，形成自己的理解。

第一节　什么是文献资源采访

一、文献采访的定义

根据《图书馆·情报与文献学名词》2019 版词典的定义[5]，文献（literature

---

❶ 高波，吴慰慈．从文献资源建设到信息资源建设［J］．中国图书馆学报，2000，26（5）．

❷ 肖希明．信息资源建设：概念、内容与体系［J］．中国图书馆学报，2006，32（5）：4．

❸ 叶继元．信息概念规范表述刍议——评《图书馆·情报与文献学名词》对“信息”的界定［J］．高校图书馆工作，2019，39（1）：5．

❹ 叶继元．文献概念漫议——从《图书馆·情报与文献学名词》对文献的定义说开去［J］．高校图书馆工作，2019，39（4）：5．

❺ 图书馆·情报与文献学名词审定委员会．图书馆·情报与文献学名词［M］．北京：科学出版社，2017．

或 document）：记录有知识和信息的一切载体，由 4 个要素组成，即所记录的知识和信息、记录知识和信息的符号、用于记录知识和信息的物质载体、记录的方式或手段等。

文献信息资源（document and information resources），简称“文献资源”，是信息资源的一种类型，即可供人们直接或间接开发与利用的，记录在文献中的信息集合。

文献资源建设（literature resources construction）：根据信息服务机构的任务与对象及整个社会的文献信息需求，系统地规划、选择、收集、组织管理文献资源，建立具有特定功能的、可资利用的文献资源体系的过程及活动。

关于文献采访的定义有许多，笔者对各位专家和各类参考工具书的提法进行了汇总和提炼[1][2][3][4][5]，提出了本书的定义：图书馆文献资源采访是根据本馆的性质、服务宗旨和用户需求，有计划地、系统地规划、遴选、收集各载体类型的文献资源，形成具有一定特色的馆藏资源体系，以满足用户需求的活动过程。

规划就是图书馆以书面形式，系统地确定馆藏文献资源的建设目标和实施方法的过程。规划通常包括馆藏目的、馆藏结构、馆藏质量、馆藏数量、馆藏选择与淘汰等文献采访职责等。

遴选就是要从浩如烟海的信息源中，经过比较、鉴别、评价，挑选出具有科学价值、现实价值、参考价值的文献资源的过程。

收集就是通过采购、采集、交换、接收捐赠、交存（呈缴、缴送）、复制、征集、调拨等不同采集方式，获取各种载体类型文献资源的过程。

---

❶ 顾犇．外文文献采访工作手册［M］．北京：北京图书馆出版社，2004.

❷ 朱硕峰，宋仁霞．外文文献信息资源采访工作手册［M］．北京：国家图书馆出版社，2014.

❸ 肖希明．信息资源建设（第二版）［M］．武汉：武汉大学出版社，2021.

❹ 李伟．外文图书采选工作［M］．北京：华艺出版社，2001.

❺ 叶继元．信息资源建设［M］．湖北：武汉大学出版社，2021.

二、文献的类型

（一）按加工程度划分

按照加工程度的不同，文献可分为零次文献、一次文献、二次文献、三次文献：

（1）零次文献。未经出版发行的文献，包括手稿、个人通信、原始记录等。

（2）一次文献。首次出版的各种文献，也称原始文献。如图书、期刊论文、会议论文、科技报告等。一次文献是以作者自己第一手的资料和成果为依据而创作的文献，内容丰富多样，参考价值较大，是用户利用的主要对象。

（3）二次文献。是报道和查找一次文献的检索文献，如各种目录、题录和文摘等。二次文献是在大量收集一次文献的基础上，经过分析、归纳、重组后出版的，是保存和利用一次文献的主要途径。

（4）三次文献。是利用二次文献提供的检索内容，选用大量一次文献的内容，经过归纳和分类、分析和综合，再度出版的文献，如各种年鉴、百科全书、进展报告和综述报告等。

（二）按载体类型划分

关于文献类型的划分，更常见的是根据载体类型的不同，分为以下几种重要类型：

1. 刻写型文献

刻写型文献，系指以刻划和手工书写为手段，将知识信息内容记录在各种自然物质材料和纸张等不同载体上而形成的文献，如古代的卜辞、碑林、竹简、帛书，以及现代的笔记、手稿、书信等。由于刻写型文献出现时代较早，因此有一些稀有和珍贵的历史文献流传至今。

2. 印本资源

印本资源也叫印刷型文献，系指以印刷方式刊行的出版物，其中最为人所知的是图书（book）和期刊（journal）。在图书馆行业中，主要指图书、期刊、报纸、学位论文、会议论文、科技报告、专利文献、地图、乐谱等。

3. 缩微文献

缩微文献，系指用缩微照相方式，将原始文献在感光材料上复制而成的高倍率复制文献，包括缩微胶卷（microfilm）、缩微平片（microfiche）和缩微卡片（microcard）等。缩微技术是目前国际公认的最为有效的珍贵文献长期保存手段之一，在文献保护、保存方面有特殊优势，一般来说可以保存300年以上。缩微制品储存占用空间小、保存寿命长、安全可靠、便于转化利用。缩微文献忠实地记录了文献原貌，具有不可篡改性，因此，《中华人民共和国档案法实施办法》中明确缩微文献制品具有与档案原件同等的效力。

4. 视听文献

视听文献，也叫音像文献、声像文献、音像制品等，系指以磁性材料、光学材料等为记录载体，利用专门的机械装置记录与显示声音和图像的文献。其包括数码语音记录文件（MP3、WMA等）、激光唱盘（CD）、视频压缩盘（VCD）、数字视频光盘（DVD）、激光视盘（LD）、黑胶唱片（LP）、录音带（TAPE）、录像带（VHS）、电影胶片（FILM）和幻灯片（Slide）等。视听文献的优点是用有声语言和图像传递信息，它具有存储密度高、内容直观、表现力强、易被接受和记忆，传播效果好，在帮助人们记录客观世界，认知事物运动情况，丰富精神文化生活等方面具有独特的作用。

5. 数字资源

数字资源（digital document），系指以二进制数字代码形式记录于磁带、磁盘、光盘等媒体，依赖计算机系统存取并可在通信网络上传输的文本、图像、音频、视频等文献。

网络文献（network document，network literature）：存在于互联网中，可以通过网络查询、获取、阅读的文献总称。其具有信息量大、类型复杂、语种多样、分布广泛的特点。网络文献是数字资源的一种重要类型，由于网络文献内容丰富，发展迅速，得到了图书馆越来越多的关注。

在图书馆行业语境下，图书馆人所常说的“数字资源”其实是“数字资源资源”的简称，也是虚拟文献资源的另一种表达。印本资源和数字资源，实体资源与虚拟资源，传统出版和数字出版，传统图书馆和数字图书馆，数字资源和数据资源，数字化和数据化等，是图书馆行业中经常一起出现的成对表达方式。

（三）按内容类型划分

1. 图书

图书，系指以文字、图画或其他信息符号，手写或印刷于纸张等载体上，具有相当篇幅，用来表达思想，具有完整装帧形式的出版物。

图书是各种出版物中历史最悠久的一种形式，是大家最为熟悉的一种出版物，是迄今为止文献的最主要类型之一。图书的形式特征是有完整的装帧形式，至少有封面、书名页、版权页、目录、正文，封底，还可以有序、跋、参考文献、附录等。其内容特征是主题突出，多是编著者长期积累沉淀、厚积薄发、融会贯通之后写成的，是传播知识、教育和培养人才的主要手段。由于图书的写作周期和出版周期较长，内容相对来说有些滞后，一般没有最新的情报信息。

图书按照内容上划分，有专著（monographs）、教科书（textbook）、工具书（reference book）、通俗普及读物（general interest book）、官方文件及其汇编（government document and cumulation）、特种文献（special literature）、小册子（pamphlet）等。

2. 期刊

期刊又叫杂志，系指刊载不同著者、译者、编者的不同作品，有固定的名称，以统一的装帧形式，按期序号（卷号、期号）或时序号（月号、季号），定期或不定期并计划无限期连续出版的文献。

与图书相比，期刊具有出版周期短、报道速度快、内容新颖、种类多等特点，是科学研究、交流学术思想经常利用的重要文献类型，在一定程度上可以看作是人类科学技术成就的完整记录。

从期刊的内容、性质及用户对象来看，通常可以分为：学术性期刊、行业性期刊、评论性期刊、科普性期刊、时事政治期刊、文学艺术性期刊等。

现在全世界每年正常出版且有同行评审的共有 91 000 多种期刊、报纸、丛书等连续出版物。在如此多的连续出版物中，真正拥有较大用户群，知识含量密度大，影响因子高，代表科学发展水平的高质量期刊，业界称其为“核心期刊”。核心期刊所刊载的论文利用量大，利用率高。能在顶级核心期刊发表论文，是相关领域学者展现科研实力的重要机会，了解和利用核心期刊也是学者提升自身科研能力的重要途径，因此核心期刊是高校图书馆、研究型图书馆文献采访的重点对象。

3. 数据库

数据库是数字资源中的一种重要类型，也是图书馆采购或者自建资源的重要组成部分。从内容上看，不仅包括图书、期刊、音频、视频等内容，而且还可以是这些内容的有机集合。这种知识内容单元的集合可以并带有统一的用户界面及检索、处理数据的软件，内容单元或记录通常根据某一特定目的收集，并且与某一特定的主题相关。数据库可以通过光盘、磁盘、网络或者其他介质，存取和读写，也可以作为一个计算机文件、可执行应用程序、API 接口，通过网络或者接口来调取。从类型上划分，可以包括数值事实数据库、全文数据库、索引文摘数据库、专利标准数据库、全文数据库、音像图片数据库、工具类数据库等。

三、文献资源的特点

当今时代，文献资源的整体特点主要有以下几点：

（一）数量庞大

各个学科领域的文献资源数量急剧增长。全世界每年新出版的图书超过 100 万种，其中美国[1]、中国[2]每年出版新书的数量，都分别达到 18 万种。每年国际出版的期刊等连续出版物约 10 万种。由国际科学技术和医学（Scientific Technical and Medical，STM）出版商协会发布的报告显示，2018 全年全球论文发表量已达 300 万篇[3]。

---

[1] 图书馆和图书贸易年鉴 2020［M］. The Council of National Library and Information Associations, 2021.

[2] 国家新闻出版署 2020 中国新闻出版统计资料汇编［M］. 北京：中国书籍出版社，2020.

[3] 国际科学技术和医学出版商协会第五版 STM 报告［EB/OL］. (2018-11-21)［2022-03-15］. https://www.stm-assoc.org/2018_10_04_STM_Report_2018.pdf.

（二）载体类型丰富多样

文献资源不仅数量剧增，而且载体形式多种多样。随着科学技术的发展，在文献出版业，除以传统纸质为载体的印本资源、缩微文献、视听文献等实体资源外，还出现了数字资源和网络资源这样的虚拟资源。由于新出现的虚拟资源和传统的实体资源各有优缺点，又不能相互完全取代。因此购买适合本图书馆用户需求的文献资源，是图书馆文献资源采访面临的最重要课题。

（三）知识含量差异大，价格迥异

正式出版的印本资源、数字资源一般都有比较规范和严格的质量评审机制，因此信息的价值较高，而网络资源来源复杂、可信度有限、版权情况不易摸清，因而实际上只有一部分网络文献适合被图书馆采集和组织，用于图书馆服务。

即使是较为成熟、较为规范，具有严格评审机制的印本资源，但由于不同出版社的选题和研究内容容易相互重复，如这几年大量出版人工智能、云计算、区块链等题材的学术图书。这些大量相同题材的图书，良莠不齐的内容质量，高低不同的出版价格，必然需要采访人员进行严格把关。哪些文献值得采购、哪些文献不值得采购，是文献采访人员的职责所在。

（四）信息时效性强、知识老化快

现代科学技术的发展迅速导致知识内容更新加快，文献价值流失加速，这种现象被称为文献“老化”现象。甚至如果图书馆的文献采购流程过长，加工上架过慢，有的新书未到上架，就可能已经过时，而导致无人问津。例如，计算机技术领域，无论软件还是硬件都在飞速发展和更新换代。有关 Windows 2000 操作系统的使用教程，当微软出了新的操作系统之后，旧的教程就少有人关注了。而 2021 年当 Windows11 出现了之后，多数用户都会逐渐转移到新的操作系统上，而有关 Windows 2000 系列的图书，必定很少被使用。

1958 年，英国物理学家贝尔纳（Bernal）第一次借用放射性元素过程中“半衰期”（half life）这个术语来描述文献的老化速度。

所谓的半衰期，是指某学科或专业现在仍被利用的所有文献中较新的一半，是在多长的时间内发表的。它是一个时间长度，如数学文献的半衰期为10.5年，即目前仍在被人们利用的全部数学文献，有一半是在10.5年内发表的。可见半衰期大体与该学科文献一半的失效期相当。

国外推出的主要学科文献的半衰期如表1–1（仅限于自然科学学科）[1]：

表1–1 主要自然学科文献的半衰期统计

学科	半衰期	学科	半衰期	学科	半衰期
生物医学	3年	冶金	3.9年	物理学	4.6年
化工	4.8年	机械制造	5.2年	生理学	7.2年
化学	8.1年	植物学	10年	数学	10.5年
地质学	11.8年	地理学	16年		

（五）获取途径丰富

由于科技的发展和社会的进步，文献出版销售方式呈现出多样化、成熟化的特点。人们可以通过各种不同的途径，获取不同载体类型的文献资源。十几年前用户还习惯于看印本图书，看报纸杂志，而现在资讯更为发达，大家用互联网、用搜索引擎就很方便了解最新的资讯。手机、Kindle、Ipad和其他各种电子设备大行其道，各种电子图书、电子期刊的使用也不再陌生。

第二节 为什么要开展文献资源采访

正因为文献资源具有多、繁、杂、乱、价值迥异的特点，图书馆需要从浩如烟海的文献出版物中，以文献的现实价值、科学价值和参考价值为考量维度，精选出相对少量的文献入藏，并要把这些文献资源采集、整合、揭示，使之有序，最大限度地满足用户的需要。因此要做好图书馆服务，首先就需要图书馆在文献资源采访上下功夫。

[1] 李伟．外文图书采选工作［M］．北京：华艺出版社，2001.

一、图书馆宗旨的要求

一些商业机构、公益机构、政府机构、科研机构已经汇集了大量文献资源，甚至是极其丰富、又好用的数字资源，比如国内的中国知网、万方、维普、百度学术、知乎、豆瓣等公司的产品，国外的亚马逊（Amazon），社交编程及代码托管网站（Github），谷歌学术（Google Scholar），雅虎问答（Yahoo Answer），维基百科（WikiPedia），古腾堡数字图书馆项目 (ProjectGutenberg)，预印本服务网站（arXiv），生物医学搜索引擎（PubMed），文献管理软件（Mendeley），科研社交网络服务网站（ResearchGate），开放获取期刊网站（DOAJ），开放获取图书网站（DOAB）。有些人认为，图书馆再进行文献资源的采购和保存，是一种资源的浪费，应该把资源建设的重点，从对文献资源的拥有，变为对文献资源的获取。还有不少人认为图书馆是夕阳产业，图书馆工作会逐渐消失，并将其认为是图书馆消亡论的重要依据。

不可否认，商业机构和其他一些公益机构、政府机构、科研机构建设的相关数字图书馆项目，确实在文献资源收集、组织、揭示和利用上，已经超越了很多图书馆，很多用户已经获取了很好的服务体验。尤其是以商业机构为主，其庞大的 IT 硬盘资源库、内存池、云计算能力，强大的 IT 人才和技术储备，创新头脑和执行效率，让图书馆羡慕不已。但由于商业机构运作的本质是一种商业行为，暂时的免费行为不等于永久的免费行为，暂时可用不等于永久可用。

这种商业行为与图书馆的“以用户为中心，不以营利为目的，遵守平等、公益、开放、共享”的服务宗旨相比，有着根本区别。长久来看，这种机构不大可能取代图书馆。而且如果这些商业组织真能长久遵守“不以营利为目的、公益、开放、共享”的服务宗旨，那它就不再是商业组织，而就变成了图书馆或类似的文献收藏和服务机构。因此可以说，图书馆的存在是有道理的，只要图书馆的公益性质和服务宗旨不变，那就不会被其他机构所取代。但是图书馆员不能沾沾自喜，而要居安思危。目前图书馆事业的确充满了挑战和机遇。我们需要不断努力，使得图书馆更好地满足当下和未来用户需求，那样的话，图书馆就不会再有消亡的疑虑和困扰了。

二、业务之基、流程之首、资源为王

文献资源采访是图书馆事业发展的根基，采集高价值的文献资源，构建科学合理的馆藏体系，始终是图书馆人孜孜以求的理想目标。所谓科学合理的馆藏体系，是指实现各学科（自然科学和社会科学）、各类载体（印本资源、数字资源、缩微制品、音像制品等）、各种类型（图书、期刊、数据库等）文献的购置经费比例协调、藏书结构合理、能够满足用户当下和未来一段时间需求的馆藏体系。

文献信息资源采访是图书馆业务的首端，作为文化教育服务阵地的图书馆，文献资源采访直接关系到馆藏质量、影响着服务水平。从数量庞大的，种类繁多的文献中，为用户找寻有价值的文献，并把有价值的文献资源，建成可用的馆藏体系以满足用户需求，这是文献资源采访的价值体现。

虽然中山大学的程焕文教授等人一直强调“资源为王”[1]，然而文献资源采访工作的重要性有时候真的会被忽略，这种问题是需要图书馆警惕的。面对数智化浪潮，只有正确研判信息技术发展趋势、出版市场变化特点和不断变化的社会大众需求，开源节流，把每一分钱都用在刀刃上，认真遴选和采购支撑本馆业务长期发展的文献资源，用优质文献资源支撑图书馆开展各项馆藏服务，图书馆才能立于不败之地。

第三节 文献资源采访的影响因素

随着数字时代的到来，图书馆的文献资源采访面临着前所未有的新环境和新挑战。关于文献资源采访的影响因素，主要包括用户因素、社会因素、经济因素、科技因素、出版因素、国内政策和法律因素、国外竞争态势因素，下面进行具体阐述。

---

[1] 程焕文，赵冬梅．资源为王 服务为本 技术为用——程焕文谈高校图书馆管理的理念［J］．晋图学刊，2020（1）：10.

一、用户因素

当今社会的主要矛盾已经转化为：人民日益增长的美好生活需要和不平衡不充分的发展之间的矛盾。人民不仅对物质生活有更高的要求，对文化教育、生活娱乐也有更高的追求。在文化精神这种更加高级的需求层次中，一个重要体现就是社会大公众对图书馆有更高的要求。图书馆的主要矛盾也已经转化为：用户日益增长的对文献信息资源的多元化需求，与图书馆服务能力发展不充分之间的矛盾。

在互联网、搜索引擎、社交网络和开放获取的背景下，用户经常绕开图书馆而直接获取所需要的文献，图书馆传统的文献资源服务模式已经不能满足用户的新需求，图书馆作为文献服务中心的地位已经下降。

二、社会因素

图书馆是国家文化发展水平的重要标志，是滋养民族心灵、培育文化自信的重要场所。在建设社会主义文化强国的征程中，为贯彻党和国家关于全面建成小康社会，开启全面建设社会主义现代化国家新征程战略部署，深入贯彻落实党和国家领导人对图书馆“坚持正确政治方向，弘扬优秀传统文化，创新服务方式，推动全民阅读，更好满足人民精神文化需求，为建设社会主义文化强国再立新功”的要求，持续推进图书馆事业高质量发展，首先需要为用户准备更加丰富的高质量文献资源，然后才可能形成高质量的服务，进而推动文化教育、社会经济的高质量发展。

新型冠状病毒肺炎疫情（以下简称“新冠疫情”）全球大流行，使图书馆事业发展迎来新的危机和挑战。从 2020 年至今，全球疫情防控走向常态化，甚至不少国家选择了“躺平”，不再管控。从全球防疫形势的整体观察来看，新冠肺炎病毒不断发展和变异，可能会在较长一段时间内与人类共存。特别是当前国内部分地区疫情又开始抬头，外防输入和内防反弹仍然面临巨大压力。新冠疫情常态化发展改变了用户利用图书馆文献资源的方式。数字资源的利用率大大提高，远程服务代替了到馆服务，这些变化也需要图书馆采访人员重新思考印本资源与数字资源的协调入藏，如何加大对数字资源的采访力度，推进馆藏结构的优化调整，不断适应图书馆面临的新形势。

三、经济因素

近年来很多国内外图书馆文献采购经费都有不同程度的削减。即使是那些书刊购置经费有增长的图书馆，其增长量并不稳定，很容易被政策和突发因素所干扰。新冠疫情对全球经济带来的长远不利影响，对图书馆而言首当其冲的就是图书馆文献资源购置经费的削减。图书馆采访事业一定要树立过“紧日子”思想，更要主动谋划，应对的方案要有客观依据，把每一分钱花在刀刃上。

图书馆是图书出版行业的下游环节，深受上游出版情况的影响。从国际出版市场看，取 2015 年到 2019 年的 5 年涨幅平均值，北美学术图书的平均价格涨幅为 1.1%，而美国期刊的涨幅是 6.2%，连续出版物的涨幅是 6%。[1]从国内看，以北京大学图书馆中文图书实际结算为例，平均单价从 2010 年的 36.76 元上涨到 2019 年的 94.71 元，平均每册中文印本图书实际结算单价上涨了 157.6%，平均每年上涨 15.76%。[2]书刊价格、数据库价格涨幅过快，降低了图书馆可以采购的数量，进一步影响到馆藏建设质量。

随着书刊购置价格不断上涨与图书馆文献经费投入不足的矛盾日益突出，图书馆如何避免在文献资源采访上陷入被动局面，已成为图书馆人亟须解决的重要问题。出版行业中文献出版物的采购价格坚挺，且处于卖方市场，出版社、数据库商年年涨价。在与出版社合理谈判沟通的同时，图书馆需要更加灵活、更加主动地设计文献资源采购的引进和退出机制，在应对资源涨价时，可以很快地采取相应的措施，将文献资源采访中遇到的不利局面或者风险危机减到最小。

---

❶ Library and book trade almanac 2020［M］.The Council of National Library and Information Associations，2021.

❷ 张美萍．中文图书馆藏建设的纸电融合趋势初探［J］．大学图书馆学报，2021，39（1）：44–49.

四、科技因素

科学技术是第一生产力。科技发展不仅塑造了新的文献出版形态，图书馆文献建设和服务的形式也发生了深刻变化。用户不再只在图书馆阅览室，还可以通过移动通信和互联网设备等，在虚拟空间完成服务体验。文献采访工作的流程需要改变，原有的图书馆采编业务管理系统弊端显现，已经不能满足当下更高级的业务发展需求，图书馆需要新的技术和新的系统，以支撑更加细粒度、更加个性化、更加智能化的用户服务。

然而新技术的投入，一般也需要大量经费的支持，很多都是需要一次性的大量财政投入，并且随后 IT 系统的维护、升级、更新、扩充也需要一定的财力保障。目前图书馆业务管理平台的信息技术开发和升级，是一件非常复杂的事情，图书馆既要维护现有产品和服务功能，又要构建新应用和新功能，图书馆需要在技术的成熟性和价格的合理性上做好平衡，脱离了图书馆实际的 IT 应用，不仅有巨大的技术风险性，图书馆在经济上也可能会蒙受浪费和损失。

五、出版因素

随着信息网络技术的发展，数字出版已经成为时代潮流。出版社数字化转型能大大提高出版效率和质量，缩短出版时间。投入数字出版的怀抱，已成为当今出版业应对出版载体和传播方式变革，顺应数字化发展潮流的主要战略选择。很多传统出版社已经基本完成了数字化转型。特别是近几年出版社在网络应用商店、微信公众号、抖音平台等都建立起传播销售渠道，取得了可观的人气流量和业绩回报。

在数字出版时代，出版行业涌现了多种新的文献出版模式，开放获取出版、自助出版、按需出版、预印本出版等。关注出版新模式的发展态势，研究其在图书馆文献采访中的影响，是当今图书馆采访人员面临的重要课题。图书馆要了解各种出版模式的优势和劣势，遴选那些用户最需要的文献入藏。

六、国内政策和法律因素

第十二届全国人民代表大会常务委员会第三十次会议于2017年11月4日通过，自2018年1月1日起施行的《中华人民共和国公共图书馆法》(以下简称《公共图书馆法》) 中的第二条："本法所称公共图书馆，是指向社会公众免费开放，收集、整理、保存文献信息并提供查询、借阅及相关服务，开展社会教育的公共文化设施。前款规定的文献信息包括图书报刊、视听制品、缩微制品、数字资源等。"

《公共图书馆法》明确了公共图书馆的定位、发展方向、建设条件、发展原则、主要任务等，它的颁布具有里程碑的意义。图书馆在涉及文献的采选方式、文献的采访内容等方面都有了较为明确的回答，该法律为采访工作的顺利开展提供了法律保障。公共图书馆可以根据法律规定的相关内容，制定详细的实施办法，落实图书馆的文献资源经费和采访业务相关条款内容，构建符合本馆宗旨的馆藏资源体系，保障图书馆事业的可持续健康发展。而其他类型图书馆也可以参照该法，制定相关系统的法规和条例，为图书馆事业健康发展铺路。

另外，随着国家对知识产权、著作权等相关法律法规政策的完善，以及社会大众日益增长的维权意识，图书馆关于文献资源，尤其面对一些数字资源、网络文献时的采集、开发、利用，需要更加谨慎[1]。如果缺乏版权保护意识，对版权法律法规掌握不足，在对著作权人信息不了解、不清楚，或者一时间难以找到版权所有人进行沟通和谈判的情况下，就将其文献资源进行采集、复制与传播，容易使图书馆与版权所有人产生纠纷。

七、国外竞争态势因素

当今国际的竞争态势凸显，各国都为自己的发展谋求更有利的局面。谁

---

[1] 李艳．图书馆文献复制与传播的版权问题研究［J］．河南图书馆学刊，2020，40（8）：3.

掌控了信息，谁掌控了资源，谁能为经济创新和人才培养全过程的文献信息服务提供保障，谁就掌握了主动权。综观那些发达国家，其图书馆行业也都很发达。在经济发展层面，核心产业发展领域的创新攻关，必须建立在系统掌握国内外相关领域完备文献信息资源的基础之上。在社会发展层面，公民的文化教育、人才的培养，也必须进一步拓展面向公众的文献资源供给。

文献信息资源作为一种战略资源，也需要不断积累，随着国际竞争态势的加剧，文献信息资源采访的难度也有所增加，需要防患未然，国家需要做好周全准备。2020 年，一些国外重要文献和情报已经不能从国外进口采购，包括科技报告中最著名的，由美国政府发布的四大科技报告，即 AD 报告（美国国防部军事技术情报局文献，Armed Services Technical Information Agency Documents）、PB 报告（美国商务部出版局报告，Office of the Publication Board）、NASA 报告（美国国家航空与航天局报告，National Aeronautics and Space Administration）、DOE 报告（核能研究报告，U.S. Department of Energy）[1]。图书馆行业的文献保障体系建设，以及跨行业的文献保障体系建设，变得越来越紧迫。

第四节　文献资源采访的基本原则

图书馆在进行文献资源采访时，应该坚持导向性原则、系统性原则、效益性原则、特色性原则、协调性原则。

所谓导向性原则是指应该根据图书馆的性质和宗旨，以用户需求为导向进行文献资源的采访。文献采访要始终贯彻思想性、政治性，注重内容的科学性、进步性、健康性。拒绝反动、伪科学、淫秽、低俗、封建迷信等文献入藏。

所谓系统性原则是指利用系统论思想、控制论思想，将图书馆采访工作看作是一个闭环反馈系统，图书馆需要不断监督、调整、优化这个系统。调整和

---

[1] 孙坦，黄永文，张建勇，等．开放科学环境下国家科技文献发展战略研究与展望［J］．图书情报工作，2020，64（14）：10.

优化的依据是：充分考虑文献资源的科学价值、现实价值和参考价值；充分考虑学科、语种、层次、类型与载体结构类型特点；充分考虑构建文献内容连续完整、体系结构合理完善、资源丰富多元的馆藏体系。

所谓效益性原则是指图书馆在有限购置经费下量入为出，充分做到“藏为所用”。根据用户需求有针对性地开展文献采访工作，要大力提高馆藏文献的利用率，提高图书馆文献资源的投入产出效益。

所谓特色性原则是指采选时要有所侧重，注重本国家、本地区、本机构、本馆的特色学科建设和特色馆藏体系建设。特色馆藏是图书馆彰显自身存在价值和体现外在影响力的重要内容，是图书馆得以生存的重要依据，也是实现图书馆之间互联互通的支撑资源。

所谓协调性原则是指在采访中应平衡多种采集方式，加强各种采购模式的协调，相互配合，更好地利用非购入方式采集文献。在注重传统印本资源的同时，加强数字资源的采选，充分考虑缩微文献、视听文献等其他文献的入藏；处理好中文文献和外文文献、数字资源和印本资源、单馆自采和集团协调采购、本馆人员选书和馆外专家选书等几个方面的协调关系；注意与本地区各类重要的图书馆进行分工协调，促进资源共建共享。

第五节 文献资源采访的难点问题

新时期图书馆文献资源采访工作的头绪越来越多，图书馆对于采访工作的要求也越来越高[1]，需要平衡印本和电子的关系、自有资源与共享资源的关系、

---

[1] 张美萍．北京大学图书馆中文图书馆藏建设的变迁及未来发展探讨［J］．大学图书馆学报，2016（3）：5.

常有资源与特色资源的关系等[1][2][3][4][5]。图书馆文献资源采访工作面临不少困难、挑战和机遇[6]。笔者看来，面对公众获取更丰富精神食粮的新期待，文献资源的精细化遴选能力还不强；面对信息技术飞速发展带来的机遇与挑战，图书馆采编业务管理系统应用和智能选书平台开发步伐并不快；面对出版行业向数字出版快速变革的趋势，图书馆战略规划制定还不够清晰，馆藏发展政策还不够成熟；如何面对财政经费预算压缩等不利影响，如何优化馆藏，如何进行纸电平衡，如何构建特色馆藏建设，如何探索新兴资源入藏，如何完成文献招标采购，如何完成采访工作的绩效评估等，都是摆在图书馆采访人员面前的难点问题。

第六节 新时期文献资源采访的主要目标

新时期图书馆文献资源采访的主要目标，应该是馆藏发展政策成熟化、文献采访工作高效化、文献资源载体多元化、文献采访模式多元化、文献采购方式规范化、馆藏资源体系立体化、资源保障机制完善化、采访业务系统智能化、采访工作绩效评估标准化，文献内容遴选精细化，使其能够有力支撑图书馆开展各种文献资源服务。

---

❶ 王宇，谢朝颖，初景利．学术图书馆战略规划编制十大关键问题［J］．图书情报工作，2020，64（24）：9.

❷ 肖希明．信息环境的变化与图书馆资源建设的变革［J］．上海高校图书情报工作研究，2017，27（3）：4.

❸ 肖希明，尹彦力．服务于“双一流”建设的高校图书馆信息资源建设［J］．图书馆建设，2018（4）：6.

❹ 朱强，廖书语．新时代高校图书馆文献资源建设的挑战［J］．图书情报知识，2018（6）：6.

❺ 朱强．图书馆资源建设的转型——以北大图书馆为例［J］．上海高校图书情报工作研究，2017，27（3）：8.

❻ 郭晶．赋能存量 做优增量 把握变量——面向“十四五”的国内高校图书馆文献信息资源建设思考［J］．图书情报工作，2021，65（1）：8.

一、馆藏发展政策成熟化

当前文献资源载体类型和信息媒介传播途径发展迅速，编制系统全面的馆藏资源发展政策，对于在新时期做好图书馆文献资源建设和服务工作十分重要❶。馆藏发展政策应该是立足于图书馆的服务宗旨和馆藏现状，系统地确定本馆文献资源建设和利用政策规则。

二、文献采访工作高效化

文献资源采访是一项实践性非常强的图书馆业务工作，涉及人力岗位设定、业务流程管理、文献购置项目预算执行、文献招标采购合同执行等。图书馆需要一定的理论和方法来指导业务实践，但是理论应该是从实践中来，再到实践中去。脱离了业务本身而盲目地强调新理论和新方法，并不能指导实践，反而会纸上谈兵，危害实际工作。

三、文献资源载体类型多元化

近年来自助出版、按需出版、开放出版、语义出版如雨后春笋般涌现出来，载体类型更加丰富多样，电子图书、电子期刊发展迅速。图书馆文献资源的数字化、数据化及关联数据化，是当下及未来的一种发展趋势❷。国外学术图书馆已经广泛开展研究数据的存储、管理、保存、出版等服务并将其视为数据资源建设的一种方式❸。对于图书馆来说，是否还要买印本图书、印本期刊，如何平衡纸电购置经费比例，一直是图书馆文献资源采访中的重要内容。文献资源建设是长期积累的，并非一日之功。图书馆如果盲目跟风，人云亦云，容易

---

❶ 柯平．图书馆未来2035与“十四五”规划编制［J］．图书馆杂志，2020，39（10）：5.

❷ 刘兹恒．图书馆未来发展的十大趋势［N］．中国出版传媒商报，2016-04-08（13）.

❸ 刘兹恒，涂志芳．数字学术环境下学术图书馆发展新形态研究—以空间，资源和服务“三要素”为视角［J］．图书情报工作，2017，61（16）：9.

自废武功丧失特色，丧失文献资源采访的主动权。

四、文献采访模式多元化

拓宽文献采集渠道，通过采购、采集、交存、接收捐赠、交换、复制、调拨等各种方式丰富馆藏内容。探讨各种采购方式的利弊，选择最适合本馆的文献采访方式，注重用户驱动采购、循证采购等新兴采购模式的探索应用。利用多渠道搜集出版书目，为进行高质量的文献遴选做准备。

五、文献采购方式规范化

随着图书馆文献采购制度逐渐完善成熟，图书馆文献采购管理也需要更加公平、规范、透明。不管是采用招标采购还是非招标采购，都应当遵循科学合理、厉行节约、规范高效、权责清晰的原则。采购人对采购需求管理负有主体责任，采购人应当将采购需求管理，作为政府采购内控管理的重要内容，建立健全采购需求管理制度，加强对采购过程的内部控制和风险管理。

六、馆藏资源体系立体化

当下，图书馆发展中最热门的词汇之一是“转型”发展。并且在纸电同步出版、纸电融合的大背景，不少图书馆已经逐步取消印本印刷品的订购，直接订购电子期刊。尤其是新冠疫情对图书馆的服务产生了直接的影响。到馆服务的减少，数字资源使用的激增，更是加速了纸转电的进程。而偏理工类的高校图书馆和情报研究单位的数字资源有进一步增长的趋势。公共图书馆纸电图书将长期共存。

吴建中馆长在新冠疫情暴发之后说过：“转型不是要从印刷型走向数字型，

也不是相反，而是要求我们超越载体，把重心放在内容上。”[1] 这句话告诉我们，转型不是为了转型而转型，而是适应用户的需求，满足用户的需要，图书馆不能盲目转型。

探索新兴文献资源的入藏及与传统文献资源的协调问题，是图书馆馆藏体系合理化的破题之举。新兴资源与传统资源要相互配合，相互补充。对于传统文献资源采访，要注意优化流程，提高资源的投入产出效益。而对于新兴文献资源，应该大胆探索，小心求证，以实事求是的态度挖掘新资源的馆藏价值，构建优质的馆藏资源体系，为采访工作拓展新思路和新渠道。

七、资源保障机制完善化

文献资源的保障体系建设既是文献资源采访的一个目标，也是一个成果。图书馆需要微观层面的资源保障体系，也需要宏观层面与其他图书馆和文献机构形成共建共享，为形成国家级、地区级、机构级的资源保障体系做好相关工作。

近几年国家间的政治、科技、军事、企业竞争态势更加明显，国家文献资源安全受到了新的挑战。面对复杂多变的国际环境，在未来如果遇到灰犀牛事件或者黑天鹅事件，如何抵消未知危机的影响，确保国家文献资源的战略安全，是亟待解决的现实问题[2]。目前虽然国家已经建立起一些地区联盟和院所联盟，如国家科技图书文献中心（NSTL）和中国高等教育文献保障系统（CALIS），取得了不少成绩，但是面向新时代的国家级文献资源的战略保障体系，还远没有达到预期的目标，未来还需要尽快加强落实，不断将该机制充实完善。

---

[1] 吴建中．贯彻新发展理念 推动高质量发展——新一轮图书馆事业发展的主基调［J］．图书与情报．2020（6）：73-76.

[2] 张晓林，吴振新，付鸿鹄，等．国家科技数字资源长期保存体系建设与发展［J］．数字图书馆论坛，2020（7）：8.

八、采访业务系统智能化

图书馆文献资源采访自动化、网络化、智能化是社会信息化发展进程的必然结果，是图书馆采访系统发展的必然趋势。随着人工智能技术的融入，图书馆自动化集成系统行业的进一步提升是不可避免的。下一代图书馆服务平台正在开发中，图书馆需要开发和应用与图书馆战略规划相一致的智能选书模块、馆藏资源评估模块等，这都将提升业务系统的信息化、智能化水平，提高图书馆服务效能。

九、采访工作绩效评估标准化

采访业务的管理，需要吸收利用国际和国内主流、权威的绩效评估标准来要求，切忌闭门造车、好高骛远、眼高手低。标准化绩效评估成为提升采访工作能力的重要方法。这就需要图书馆在国际和国内行业标准和业界主要标准的对照下，可以构建适合本馆的，也顺应当下需求的业务流程管理制度和方法。例如，可以参考国际标准化组织 ISO11620 一系列的《图书馆绩效评估指标体系》[1][2]《美国图书馆研究协会馆藏评估指南》[3]《国家图书馆绩效评估体系》[4] 国内公共图书馆历次评估内容 [5] 及《普通高等学校图书馆评估办法》[6]、中国高等教育文献保障系统制定的《数字资源评估指标体系》[7] 等。在绩效评估中，需要用多

[1] 余胜 . 关于图书馆绩效评估的研究与实践［J］. 中国图书馆学报，2006（4）：102–105.

[2] ISO21248:2019 Information and documentation quality assessment for national libraries［EB/OL］.（2019–03–01）［2022–03–23］.https://www.iso.org/standard/70233.html.

[3] HARKER, K.R., J. KLEIN. Spec Kit 352: Collection Assessment［M］.Washington,DC:Association of Research Libraries,2016.

[4] 李致忠 . 关于图书馆的绩效评估［J］. 国家图书馆学刊，2002（2）：2–5.

[5] 柯平，刘旭青，邹金汇 . 以评促建、以评促管、以评促用——第六次全国公共图书馆评估定级回顾与思考［J］. 图书与情报，2018（1）：37–48.

[6] 普通高等学校图书馆馆藏评价指南［EB/OL］.（2013–06–23）［2022–03–23］.http：//www.scal.edu.cn/gczn/201311050906.

[7] 肖珑，李浩凌，徐成 .CALIS 数字资源评估指标体系及其应用指南［J］. 大学图书馆学报，2008（3）：3–9+18.

元互补的评价体系对图书馆做出完整的评价，至少要包括馆藏、服务、文化、管理这几个评估方面。

十、文献内容遴选精细化

文献遴选是采访馆员的看家本领，面对每年出版的数十万学术图书、数百万学术论文的采购中，要求每一种图书、每一种期刊都能精确地对准读者的需求是不现实的。但围绕馆藏体系、特色馆藏、一流学科建设的需要实现精准采购，是应该做到的。文献遴选的精细化是图书馆采访工作努力的方向。充分利用精准采购的理念，遴选性价比高的资源、学术评价好、学术影响力高的、引文量大、书评口碑好，销量大的优质文献，充分考虑文献的投资回报率，用最少的钱，用最优化的采购方案，买合适用户的尽可能多的文献。

第二章　如何制定馆藏发展政策

根据《图书馆·情报与文献学名词》2019 版词典的定义，馆藏发展政策（collection development policy）简称“馆藏政策”，是图书馆以书面形式系统地确定本馆馆藏文献资源的建设和有效使用所遵循的策略。通常包括馆藏目的、馆藏选择与淘汰的原则、馆藏的范围与深度，以及文献选择工作职责等。

第一节　为什么要制定馆藏发展政策

编制系统全面的馆藏发展政策的战略意义在于，其对于图书馆中长期发展战略的实现，对于在新时期做好图书馆文献资源建设和服务工作十分重要，因此得到了各类型图书馆的高度重视。例如，康奈尔大学图书馆在馆藏发展工作方面，有其明确的馆藏发展目标，注重馆藏发展政策的制定与完善，优先发展核心馆藏，加强学科馆藏建设，重视特藏收藏，并关注新类型及新领域馆藏的发展趋势，利用各种方式及时地进行馆藏评估，在馆藏发展过程中一切行为以用户为核心，馆藏发展立足长远，放眼未来，可为中国图书馆的馆藏发展工作提供一些借鉴。[1]

编制馆藏发展政策的具体意义如下：

①界定馆藏的性质、特色、范围和深度、发展目标。

②明确馆藏管理制度，明确参与馆藏建设发展中各组织机构的责任与分

---

[1] 张春梅，李欣．美国康奈尔大学图书馆馆藏发展策略研究［J］．图书情报研究，2021，14（2）：57-67.

工，减少推诿扯皮。

③明确文献资源的遴选原则和采访标准，保证文献资源的采访质量和馆藏特色；不因采选人员的更换而偏离馆藏发展方向，不因采选人员的个人好恶而对馆藏质量造成影响。

④为文献经费预算和分配提供基本依据，确保文献资源采访的连续性。

⑤明确特色馆藏，为资源共建共享提供了依据。资源的共建共享将是今后馆藏发展的必然道路，图书馆之间互相了解对方的馆藏发展政策以后，就可以积极参与合作和协调。

第二节　制定馆藏发展政策的基本原则

制定馆藏发展政策，需要一定的编写原则，才能保证该政策的科学性、可行性。简单地说，有以下三个原则。

一、实用性原则

馆藏发展政策的制定需要实事求是，馆藏发展目标要有的放矢，要切实可行，有实际可操作性。要符合本馆的办馆宗旨和服务对象需求，编制过程中注意广泛征求各类型用户的意见，尤其是专家和图书馆工作人员的意见和建议，要评估现有馆藏，了解馆藏的历史延续、优势与不足。

二、前瞻性原则

馆藏发展政策是一个指导性纲领文件。在制定的过程中，应该对馆藏发展的未来进行设想和预判，引导图书馆事业健康、可持续性发展。根据对当下社会信息环境的变化、技术手段的变化、出版形态的变化，以及图书馆任务目标和用户需求的变化，未雨绸缪，以确保其先进性和前瞻性。

三、稳定性原则

馆藏发展政策是一个宏观指导性文件，需要有一定的延续性和稳定性，以保证其权威性和指导性。如果频繁地修改或替换馆藏政策内容，容易引起文献采访工作的混乱，进而影响馆藏质量和馆藏特色。

第三节　制定馆藏发展政策的依据

图书馆需要根据图书馆的性质和服务宗旨，用户需求，馆藏发展现状，有目的、有计划地制定馆藏发展政策。

一、图书馆的性质和服务宗旨

制定馆藏发展政策，应该依据图书馆的性质和服务宗旨。而且所在地区的经济、历史、地理、文化特点和所在机构的性质、任务等因素，也是制定藏书发展政策的基本依据，图书馆应该对此进行分析和思考。

根据不同的标准，一般可以把图书馆类型分为如下几类：

①根据图书馆所属部门的性质，可划分为国家图书馆、政府机关图书馆、公共图书馆、学校图书馆、企业图书馆、科学院图书馆、军队图书馆、医院图书馆等。

②根据用户特征，可划分为少数民族图书馆、儿童图书馆、青少年图书馆、盲人图书馆等。

③根据经费来源，可划分为公立图书馆、私立图书馆。

不同类型的图书馆，有着不同的馆藏发展目标和要求。本节主要介绍几种常见的图书馆类型。

（一）国家图书馆

联合国教科文组织对国家图书馆的定义是凡是按照法律或其他安排，负责搜集和保管国内出版物的所有重要出版物的副本，并且起到贮藏图书馆的作用，不管其名称如何，都是国家图书馆。[1]国家图书馆的任务如下：

①全面无遗漏地收集、入藏本国出版物。

②编制本国出版物的全国性总书目。

③拥有并更新一个大型的有代表性的外国文献馆藏，包括有关本国的研究内容。

④编制全国性的联合目录，回溯性的全国总书目。

2017年11月4日通过，自2018年1月1日起施行的《中华人民共和国公共图书馆法》中明确指出，国家设立国家图书馆，主要承担国家文献信息战略保存、国家书目和联合目录编制、为国家立法和决策服务、组织全国古籍保护、开展图书馆发展研究和国际交流、为其他图书馆提供业务指导和技术支持等职能。国家图书馆同时具有本法规定的公共图书馆的功能。

这既符合国际组织关于国家图书馆立法的原则声明和规定，也符合世界上许多国家针对国家图书馆立法或设置法条的惯例，更体现了新时代党和政府对国家图书馆履行职能和发挥作用的新要求。[2]此外，我国的国家图书馆还是联合国及其所属组织出版物的接受与保存馆、与其他国家签订的文化合作协定的有关条款的执行馆、ISSN中国国家中心。国家图书馆在国家文献保障体系中承担了重要角色。[3]

（二）公共图书馆

公共图书馆，是指向社会公众免费开放，收集、整理、保存文献信息并提供查询、借阅及相关服务，开展社会教育的公共文化设施。

《公共图书馆法》指出，公共图书馆应当根据办馆宗旨和服务对象的需求，广泛收集文献信息；政府设立的公共图书馆还应当系统收集地方文献信息，保存和传承地方文化。出版单位应当按照国家有关规定向国家图书馆和所在地省级公共图书馆交存正式出版物。

---

[1] 李伟．外文图书采选工作［M］．北京：华艺出版社，2001.

[2] 汪东波，张若冰．《公共图书馆法》与国家图书馆［J］．国家图书馆学刊，2017，26（6）：6.

[3] 朱硕峰．国家图书馆在外文文献资源保障体系中的作用［J］．国家图书馆学刊，2002（3）：5.

公共图书馆的馆藏任务是全面收集地方文献，成为地方文献的保障和服务中心。要依据当地风土人情、自然地理、历史人文、经济发展和产业结构、科研和工程项目和教育发展情况等等，形成本地区的特色馆藏。

（三）高校图书馆

《普通高等学校图书馆规程》[1] 指出，高等学校图书馆的建设和发展应与学校的建设和发展相适应，其水平是学校总体水平的重要标志。

高校图书馆的主要任务是：建设全校的文献资源体系，为教学、科研和学科建设提供文献信息保障；建立健全全校的文献信息服务体系，方便全校师生获取各类信息；不断拓展和深化服务，积极参与学校人才培养、信息化建设和校园文化建设；发挥信息资源优势和专业服务优势，为社会服务。

高校图书馆的馆藏发展政策，需要以《中华人民共和国高等教育法》和《普通高等学校图书馆规程》为指导，以所在高等学校的学科发展规划、学生培养目标、专业设置、重点学科等因素为依据来制定，围绕教学和科研采选文献。

（四）研究型图书馆

研究型图书馆也是较为常见的图书馆类型之一。其服务的用户对象主要是科研工作者，他们的综合素质一般较高，从事的多是较为前沿的项目和课题，因而研究型图书馆的馆藏发展策略是强调馆藏建设的“专业性”“新颖性”“精细化”“深度化”“系统化”。即要系统全面地收集国内外本专业知识领域中最新的科学研究成果。例如，中国科学院自动化研究所图书馆一般订购反映自动化领域及相关控制理论和控制工程学科最新研究成果的图书、期刊和数据库等，很少订购其他学科的文献。

---

[1] 教育部关于印发《普通高等学校图书馆规程》的通知［EB/OL］（2016-1-4）［2022-3-6］http：//www.moe.gov.cn/srcsite/A08/moe_736/s3886/201601/t20160120_228487.html.

二、用户需求

图书馆服务是通过向用户提供馆藏文献资源，满足其文献信息需求的活动和行为。现代图书馆区别于古代藏书楼，主要是因为其强调“藏为所用”，那么图书馆馆藏发展政策的制定，也需要充分了解用户的需求和用户的评价反馈。用户的评价反馈是最有说服力的、最有价值的，图书馆需要聆听各类型用户的反馈意见，要双方都站在对方的立场考虑问题。对用户的合理化建议不能视而不见，不能故意搪塞。

（一）用户的分类

图书馆的用户可以简单地分为个人用户和群体用户两大类。然而图书馆更加关注个人用户背后所代表的那类有着一定共同特征的用户群体，更想描绘出那类群体的用户画像。因此可以把用户群体分为法定用户和社会用户、当前用户和潜在用户、到馆用户和非到馆用户三类。不管对图书馆的用户如何分类，其对文献资源的需求，主要有三类，即学习教育需求、科研学术需求、文化娱乐需求。

1. 法定用户和社会用户

所谓法定用户，是指根据某项法律或规定，属于图书馆服务范围的个人或组织，或对图书馆财政投入做出贡献的个人或组织。图书馆需要掌握的主要是“法定用户”的文献信息需求，这是馆藏发展政策制定的主要依据。[1]

不同性质的图书馆，其法定用户也不相同。中国国家图书馆的用户主要是以党、政、军领导机关和重点科研、生产单位为主。并且按照《公共图书馆法》的规定，我国国家图书馆是国内最大的公共图书馆，也需要为一般用户提供一定范围的服务，因此其“法定用户”成分比高校图书馆、研究型图书馆更为复杂。并且与美国国会图书馆、日本国立国会图书馆等一些其他国家图书馆有明显不同。

---

[1] 顾奔．外文文献采访工作手册［M］．北京：北京图书馆出版社，2004.

高校图书馆的“法定用户”是本校师生，服务对象相对单一，人员综合素质较高，用户对文献的需求具有一定的规律性。

研究型图书馆的“法定用户”更为单一，主要是本系统、本机构的研究人员，用户的文献需求具有新颖、专业、深入、系统等特点。

公共图书馆的“法定用户”，主要是本地区有阅读能力的人。各行各业的用户都可能是法定用户，因而用户成分相对复杂，但用户的地域文化特点还是非常明显的。

与“法定用户”相对应的就是“社会用户”。相对来说，“社会用户”不是图书馆的主要服务对象，图书馆服务也不可以用是否满足“社会用户”的需求，来评估其服务水平。

由于社会公众对文献信息需求越来越多，加上图书馆公众服务意识和能力的增强。尤其是数字图书馆建设成果显著，当前越来越多的“社会用户”已经分享到部分“法定用户”的权利。但图书馆仍然需要以“法定用户”为主要服务对象，不要因为这些“社会用户”需求的介入，而随意改变馆藏发展政策。

2. 当前用户和潜在用户

随着时间的推移、社会的发展，用户的需求也可能发生变化，图书馆用户的构成可能发生变化。图书馆在考虑制定馆藏发展政策时，要考虑图书馆事业的长期可持续发展。不仅要设法满足当前用户的需求，还要对其未来的潜在用户着想，而且还要通过研究分析，预判未来一段时间内潜在用户的文献信息需求，进而让更多的潜在用户变为当前用户。

3. 到馆用户和非到馆用户

随着文献资源的种类日益丰富，数字资源、网络资源所占的比例逐渐增加。去图书馆已经不再是获取文献资源的唯一方式，图书馆的非到馆用户不断增长，从图书馆网站平台、图书馆 App、社交网站公众号上查询和获取信息逐渐成为重要途径。

2020 年新冠疫情在全球范围内传播后，图书馆的运行也有许多变化，很多图书馆临时性地关闭了他们的到馆服务，不少书商开放了他们的数字资源，图书馆开始提供更加便利的线上服务。一些高校图书馆、研究型图书馆利用虚拟会议和其他在线工具，为用户提供在线研究和教学支持。

（二）用户需求的调查方法

能否满足用户多元化、多层次的需求是图书馆发展能否适应时代的标准之一。因此关于用户的需求调查，追踪用户需求的变化，是图书馆一直以来较为重视的工作内容。

用户需求的调查方法，一般可分为直接方法和间接方法。直接的方法包括问卷调查法、用户座谈法、实地观察法等。间接的方法包括统计分析法等。

1. 问卷调查法

问卷调查法是把预先印制好的问卷分发给被调查者逐项回答，以此获得用户情况的第一手资料，也称书面调查法。随着网络的发达，利用“问卷星”等网上问卷答题系统，变得更加普遍。图书馆在设计调查问卷表单时，提问用户的性别、学历、年龄段、职业、文化程度、外语水平、需要文献的学科及类型，了解哪些用户经常使用哪些学科馆藏，并了解用户使用图书馆的目的，对图书馆文献资源的满意程度等。这种调查方法一般采用匿名方式，被调查者基本都能实事求是地填写。调查前，需要进行问卷的信度和效度检测。调查后，调查者也可以发放一些小礼物，感谢填写者的配合工作，增强调查问卷的参与度。不足之处是，设计的调查问卷不宜复杂，要考虑到被调查者的身份、心理、情绪、文化水平等。有时候用户为了隐私，或者时间和精力成本考虑，经常会空着或者乱填一些选项，导致了问卷调查结果的不准确，馆员在整理调查问卷时，应该对问卷结果进行检查和整理，以便得到合理的问卷信息供分析使用。

2. 用户座谈法

用户座谈法是图书馆通过座谈会或进行个别访问等交流方式获得第一手资料。这种方法能较快、较省力地获得所需的调查结果，且调查结果具有一定的代表性。然而，这一方法依赖于参加座谈会的人选和人数，在一定程度上不如问卷调查法那样更具客观性。还有一部分用户比较特殊，他们对文献资源的使用和评价，对图书馆文献采访工作非常重要，可以称之为专家访问法。馆外的专家可以是科研院所的专家、高校的教师等，馆内的专家可以是一些采访馆员、学科馆员、咨询馆员、阅览室工作人员等，这些馆员积累了丰富的业务经验，对馆藏资源建设的建议也非常重要。

3. 实地观察法

实地观察法是到被调查对象中去，通过调查者的直接实地观察和询问，得到用户的第一手资料。例如，要了解外文新书阅览的情况，就可以到外文阅览室中，观察有哪些用户主要看什么学科的图书，询问他们对自己所需学科文献有什么意见，还有什么需求等。这种方法的优点是，当面与用户的开放式的直接沟通，经常能够得到一些意想不到的收获，能够获取到用户的真实需求，可以直接解决问卷调查方法、用户座谈法所不能解决的一些问题。

4. 统计分析法

统计分析法指通过对研究对象的范围、程度、规模、速度等数量关系的分析研究，认识和揭示事物间的相互关系、变化规律和发展趋势，借以达到对事物的正确解释、判断、优化、预测的一种研究方法。例如，利用外文图书的流通借阅数据，可以统计分析在某一个时期内用户借阅的学科、出版社、语种、出版时间等信息，从而了解用户对外文图书的文献需求。这种调查方法的优点是比较客观全面，可长期持续地进行，不易受人为的主观影响。

三、馆藏文献资源评估

图书馆已经形成的馆藏体系是馆藏发展政策制定的现实基础。这要求制定馆藏发展政策时，必须全面调查馆藏文献资源情况，了解馆藏结构中各学科文献在载体类型、语种、水平程度等方面的品种数量及其比例关系，掌握原有馆藏体系的基本面、优势、特色与薄弱环节，摸清现有馆藏被利用的程度。

具有特色的馆藏，应尽力保持特色优势；对于原来馆藏体系中薄弱的环节，应努力补充缺藏。对于利用率不高的文献，可以减少采访量，优化馆藏结构和馆藏空间。

图书馆可以馆藏评估为依据，修订完善文献采访条例，明确馆藏发展政策，制定图书馆发展战略规划。北京大学图书馆提出的“学科化采访”方案，将学科资源评估作为资源建设的重要环节，通过调研与数据挖掘等多种手段，考察分析一流学科师生对于学科资源的意见和建议，掌握一流学科资源的馆藏情况和利用率，展开一流学科文献保障率评估，推动资源建设向以服务和效益为中心转移。❶华中科技大学图书馆等也通过ESI等指标不断加强“双一流”高校的馆藏评估力度。❷

（一）馆藏评估的定义

根据《图书馆·情报与文献学名词》2019版词典的定义，馆藏分析（collection analysis）是图书馆对其馆藏文献的数量、构成、种类、分布、入藏时间、利用情况和老化程度等进行的统计和分析。目的是不断改进采访工作，建立一个合理、有序、与用户需求相契合的富有特色的馆藏体系，最大限度地发挥馆藏文献的功效。

馆藏评估（collection assessment，collection evaluation），又称“馆藏评价”。图书馆依照一定的标准，对已采集和收藏的文献资源及其效用，进行调查、分析与评价的过程。主要涉及馆藏的物理状态、馆藏的范围与结构、资源的规模与质量、资源的利用及满足用户需求的情况等方面的内容。

馆藏分析是对馆藏文献资源的情况进行调查、统计和分析，而馆藏评估是在馆藏分析的基础上，根据一定的目的和一定的标准，进行参照比较。例如在对中国国家图书馆进行馆藏评估时，如果对照公共图书馆评估标准，或与国内其他图书馆相比，其馆藏结构和馆藏数量较为丰富和合理，馆藏利用率不够高。如果对标国际国家图书馆质量评估标准，与美国国会图书馆、英国国家图书馆相比，其馆藏数量还有一定差距，但是馆藏利用率却有较大优势。

（二）馆藏评估的内容

1. 印本资源评估

传统文献以印本资源资源为主，因此馆藏评估的对象主要是印本图书和印本期刊的评估。实体视听资料和缩微资料等文献资源的评估方法可以参照书刊文献，它们既可与印本资源一起进行关于实体资源的评估，也可单独进行单一

---

❶ 刘兹恒. 后疫情时期的图书馆文献资源建设［N］. 图书馆报，2020-04-01:（462）.

❷ 袁青，施亮，陈梦. “双一流”驱动下高校图书馆服务能力建设——以华中科技大学为例［J］. 图书情报工作，2019，63（1）：118-124.

载体类型资源的评估。

关于印本资源的评估内容，主要可以对馆藏资源结构、馆藏数量、馆藏质量、馆藏利用情况等内容来进行评估。

馆藏结构评估是对本馆馆藏的学科、收藏等级和文献语言结构等进行定性分析。一般包括学科结构、等级结构、文种结构、载体类型结构、时间结构。

馆藏数量评估具体包括：馆藏的绝对规模，即馆藏总量；图书、期刊等各类中外文文献的种数、册数、馆藏的增长量等。

馆藏质量评估主要是指对馆藏文献资源的内在质量进行评估，主要包括文献收藏率（覆盖率）、缺藏率、保障率等。馆藏文献中的知识信息含量是衡量图书馆文献信息资源质量的重要指标。主要反映在文献本身的知识价值，看其是否具有科学价值、现实价值和参考价值。科学价值指馆藏文献在学术性、思想性、研究性、论证方法等方面的科学性。现实价值指文献与当前用户现实需求的适应程度，是否能够提供文献服务。参考价值指文献的长远利用价值和馆藏保存价值。做文献采访工作，最好是采购那些兼备这三种价值的文献，如果做不到，退而求其次，最好能满足其中的两种价值，最后，最起码也需要具备一种价值。

馆藏利用情况评估，主要是对用户利用馆藏资源的方式，如外借、阅览、复制、馆际互借、文献传递等，进行流通率（量）分析、利用率（量）分析、拒借率（量）分析、零借阅分析等。通过梳理实际使用状况，以此来确认资源对用户的需要程度。分析流通记录是了解用户使用馆藏情况的主要方式，图书馆可依据流通记录中所记载的用户类型、出版社、学科情况、语种情况、出版年、访问日期等内容来分析用户对馆藏的使用情况。闭架流通记录可以从图书馆计算机集成管理系统、用户门户系统中获得。而开架流通记录一般是通过记录和观察用户在阅览室的使用行为规律，统计得出。

2. 数字资源评估

关于数字资源的评估，业界比较推崇的是肖珑馆长提出的CALIS数字资源评价体系[1]。主要包括内容质量评估、检索系统及功能评估、访问性能评估、

---

[1] 肖珑，李浩凌，徐成. CALIS数字资源评估指标体系及其应用指南[J]. 大学图书馆学报，2008（3）：3-9+18.

书商服务能力评估、资源利用评估、价格成本因素评估、资源的存档和永久使用能力评估、用户满意度评估等。

内容质量评估是指从数字资源的学科范围、适合的用户对象、权威出版物收录比例、数据来源情况、收录年限范围、资源重复率、更新周期、撤销期刊品种的情况、文献传递获得的便利程度等几个方面，综合评估数字资源与本馆文献信息资源发展政策、采选方针和采访条例的匹配程度。

检索系统及功能评估是指是否提供可满足不同层次需求的检索功能；是否提供可满足查全、查准需求的各类检索技术，是否提供可满足各种需求的检索结果处理、保存和链接功能；检索界面是否友好；检索平台是否整合了其他资源，可实现同一平台的跨库检索等。

访问性能评估是指考察数字资源提供的访问方式适合图书馆的程度，包括单机使用，网络访问方式等；访问速度是否影响数字资源的正常使用及影响的程度；考察访问失败的比例影响数字资源正常使用的程度；考察是否提供馆外访问功能或允许图书馆为合法用户提供馆外访问功能；考察并发用户限制影响数字资源正常使用的程度。

书商服务能力评估是指供应商是否按月提供使用统计报告，提供的使用统计报告是否符合最新的COUNTER实施规范；考察供应商是否按协议规定更新数据的准确性和连续性、及时性；是否按用户需求提供培训及相关培训材料，具体可以考察相应的培训方式、培训频率和时长、培训规模等；对用户提出的建议和问题，以及对系统故障问题的反馈速度及解决问题的效果，是否能根据需求不断改进各种功能和服务。其中解决方式和解决效果为定性分析，响应时间和解决时间为定量分析，一般以小时来计算；考察元数据提供方式、数据质量，是否能为图书馆数据整合提供支持；考察供应商是否提供足够时间的免费试用。

资源利用情况评估是指数字资源浏览、下载、拒访、检索、零点击数量统计；单次使用成本统计；目标用户使用情况分析；引文分析与用户利用评价等。

价格成本因素评估是指考察数字资源的折扣幅度是否优惠；考察数字资源价格的年涨幅是否合理；联盟、集团或其他机构的补贴和共享情况，以及印本资源冲抵等。

资源存档和永久使用权评估是指书商是否同意图书馆进行长期保存。如果不让保存，是否提供永久使用权，数字资源停订后是否能继续使用已购买的数据。如让保存，是否能对长期保存给予技术支持，提供长期保存的方式是否符合本馆要求等。

3. 整体馆藏评估

随着印本馆藏和数字馆藏评估的指标体系逐渐成熟，关于图书馆整体馆藏评估的指标体系也应运而生，整体馆藏评估中，通常需要与图书馆的文献资源采购经费、纸电协调能力、资源保障能力、文献资源共建共享能力、投入产出效益、社会效益等内容进行综合评估。图书馆需要评估馆藏资源对参考决策、科研、教学等事业的文献保障和支撑作用，对公众日益增长的精神文化需求的服务作用等。

成本效益分析法是指，近几年随着文献购置经费与文献价格涨幅的矛盾日益突出，为了更好地满足用户对资源的利用，优化馆藏结构，了解资源经费的投入是否达到预期的效果，当经费削减时，应该优先削减哪些资源采访，进而最大限度保证文献经费的利用效能。成本效益分析法（Cost Benefit Analysis，CBA）也逐渐成为评估的一个重要方法。投资回报率（Return of Investment，ROI）以百分比表示，代表收益相对于总成本的比值。成本效益率（Cost Benefit Rates，CBRS）是由总收益直接除以总成本得到的，国内外对成本效益的研究一直是图书馆评估的热点[1]。

（三）如何完成馆藏评估

1. 确定评估的制度程序

制度规范是评估工作的保障和基础。制度规范能够确保评估工作的有效执行，涉及全流程全周期的评估制度管理。

需要明确评估的目的和目标。一般可以单独设立评估负责小组，进行前期的项目规划分析和制定，并做好前期准备，充分了解馆藏建设和服务概况。明确图书馆的宗旨是什么，它为哪些目标群体服务，考虑目标群体的需求和愿

---

[1] IFLA，Library Return on Investment Reviewing the evidence from the last 10 years［EB/OL］.（2019-05-01）［2022-03-23］. https：//www.ifla.org/wp-content/uploads/2019/05/assets/hq/library_roi.pdf.

望。然后准备相关的政策、标准、规划、规范等业务文档，准备馆藏使用数据和用户满意调研数据等资源服务数据。在评估执行中，配置相关的人力、物力、财力。按照规范设计好的评估体系流程和方法，按照时间进度，有序进行评估。在评估完成后，确定评估内容的发布方式和使用、保存方式。

2. 确定评估的指标遴选原则

确定评估指标遴选原则如下：

（1）可靠性。要能为查明图书馆工作中的问题，采取决策和行动，提供有效可靠的信息。有些指标可以是定性指标、间接定量指标或者粗略估计，但是这并不意味着它们是无效的。

（2）实用性。指标应简洁、明确、经济、切实可行，要充分考虑图书馆评估人员、业务人员、专家调查、用户调查中付出的时间、精力和费用等成本。

（3）可比性。指标应具有一定的规范性、延续性、可比较性，尽量采用大家公认的常用的国内外重要指标，允许在一定地域范围内进行图书馆之间的比较，一定时间范围内进行自身比较。

3. 确定评估指标的体系框架

对于评价指标体系框架的构建研究，国内多数研究者通常采用了国际先进的层级式指标体系，即几个一级指标，每个一级指标下包括多个二级指标，每个二级指标下可能又包括多个三级指标，还有可能再向下细分，这种框架有利于明确所有评价指标的内在联系，同时又为定量评价过程中的权重计算或设置提供可能。

一级指标得分＝$\sum {}^{1}n$ 选用的二级指标得分 × 相应的二级指标权重系数，以此类推。

总得分＝$\sum {}^{1}n$ 选用的一级指标得分 × 相应的一级指标权重系数。

4. 确定评估模型的指标权重、取值标准和得分规则

在所有评价指标确定后，定量指标如何获取统计数据，定性指标如何进行打分，各指标权重值如何确定，是评估模型设计中需要解决的重要问题。

指标权重的确定方法主要有主观确定和利用数据模型确定，目前多采用专家评价法（德尔菲法）和层次分析法，对指标体系中各指标权重进行确定。

考核打分标准，是事关整个评估结果科学与否的关键性因素，应以行业标

准为优先选择，如无，则需考虑历史标准和经验。如一些定性指标，无法确定评估值时，采用综合判断实例法，如确实找到相关案例，可以按所观察到的情况或比例情况，进行酌情加分或者扣分。

（四）馆藏评估的方法

在馆藏评估中，根据各馆实际情况和评价对象的不同，可以灵活地选用以下几种评估方法，具体如表 2–1 所示。在馆藏结构和数量评估时，可采用统计分析法、比较分析法、案例分析法等；在馆藏质量评估时，可采用目录核对法、引文分析法等；在馆藏利用评估时，可以采用统计分析法、文献流通分析法、用户评价法、成本效益分析法等；在对评价指标进行权重设定时，可以采用专家评价法、层次分析法、模糊综合评价法等，后文将具体介绍部分常用评估方法。

表 2–1　馆藏评估方法

内容	主要评估方法
文献信息资源的结构和数量	统计分析法、案例分析法、比较分析法等
文献信息资源的质量	目录核对法、引文分析法、文献计量分析法、比较分析法等
文献信息资源的利用	统计分析法、用户评价法、成本效益分析法、比较分析法等
用户满意度	用户评价法、用户调查问卷分析法、统计分析法等
投入产出效益、社会效益	统计分析法、投资回报率分析法、成本效益分析法等
评估体系和指标遴选设计	系统分析法、平衡计分卡法、专家访谈法等
评估方法及评估历程、文献资源建设回顾	文献综述法、历史回顾法、比较分析法、案例分析法等

1. 目录核对法

目录核对法主要是将本馆的馆藏与一些标准书目、核心书目或权威性机构制定的馆藏目录进行逐一核对，核查品种、数量、语种及某些重要著作收藏方面存在的不足，根据入藏文献信息资源占标准馆藏目录的比例来评估馆藏质量。

2. 统计分析法

一般来说，统计分析法是运用事先规定的馆藏评估指标和业界通用的计算公式，对馆藏质量、数量、结构、利用进行汇总分析，进而得到馆藏的规律性结论。馆藏结构分析法、文献流通分析法、用户调查问卷统计法也会从统计分析法单独分离出来，形成独立的图书馆馆藏评估方法。

3. 引文分析法

引文分析法是文献计量学中的一种重要方法，由于在文献利用中有较为突出的研究价值，因此一般都单独作为馆藏评估的一种单独方法被提及。引文分析法是指：通过查对论文或著作的参考文献、脚注尾注等，对某一学科、某一专题的文献被使用情况进行比较和分析，以此来评价馆藏被利用的情况，分析馆藏支持用户从事学术活动的能力，不仅可以了解馆藏过去被使用的情况，而且可以借此来预测用户未来的需求模式。

4. 用户评价法

用户评价法是指请普通用户评价馆藏，可采用面对面交流、电子邮件咨询、（线上、线下）发放调查问卷、电话访问、召开用户座谈会等多种方式。调查内容主要是对馆藏满足其需求的程度，馆藏中不同文献类型、语种、出版社、出版年代、学科的文献的利用情况等。前一节已经进行了详细介绍，这里不再赘述。

5. 比较分析法

比较分析法是一种常用的评估方法。在评估中，可以找一个或者几个职能相近的图书馆作为参照物，对其资源的引进、资源的使用进行比较，通过对比，查找不足，改进或者调整入藏方向。一般比较的内容包括：馆藏资源数量、馆藏学科结构、使用成本、经费投入情况等。

第四节　确立馆藏发展政策的制定程序

第一，馆藏发展政策文件的编制，一般由图书馆馆长主持，由相关业务管理机构组织人力进行编制和修订，要求具备较丰富的专业知识和长期工作经验的馆员参加编制工作。

第二，进行有关馆藏体系的调研，对标图书馆的调研，用户需求的调研收集和评估研究。

第三，拟定馆藏发展政策草案，在一定范围内公开征集意见，并据之修改完善。

第四，馆藏发展政策由图书馆馆务会通过后实施，并在相关平台上公布或者发布，供相关部门遵照执行。

第五节　确立馆藏发展政策的主要内容

馆藏发展政策的文本内容，一般需要明确以下这些方面。

一、编制说明

简要说明图书馆的性质、服务宗旨和用户的文献需求，书目馆藏发展政策的编制目的、使用方式和编制责任说明。

二、确立实施管理制度

（一）管理制度

馆藏发展政策的管理工作，是图书馆的核心业务内容。负责制定馆藏发展政策及具体的文献处置制度，一般由馆长牵头，由馆藏发展执行机构，对全馆的馆藏发展进行统筹和协调安排，实现对每一个馆藏发展工作环节的指导和管理，包括馆藏发展的政策制定与执行、馆藏发展预算分配、馆藏管理和文献处置、馆藏发展评估在内的各个馆藏建设环节的工作，使馆藏发展工作的流程得到规范落实，保障馆藏发展工作有章可循，确保了馆藏发展政策的权威性。

（二）责任分工

馆长的职责是确定馆藏发展目标，保障稳定的文献经费投入，管理和协调各方机构，维持文献资源建设的可持续发展。

馆藏发展执行机构的职责：负责馆藏发展的政策制定与落实、馆藏文献预算分配、馆藏管理和文献处置、馆藏发展评估，确定文献采选制度和审核制度。

文献采访机构的职责：设置相关岗位职责，安排具体人员承担文献采选职责。公共图书馆可以聘请相关领域的专家和教授，担任相关文献的采选职责。高校图书馆可以邀请院系参与本学科馆藏体系建设目标的制订，参与具体的学科文献采选工作等。

三、确立馆藏发展目标

馆藏发展目标对于馆藏发展政策的制定起着重要的指导作用，只有明确馆藏发展目标才能制定合理的且较为完善的馆藏发展政策。国外图书馆都会制订明确的馆藏发展目标，以确保馆藏发展政策的制定围绕馆藏发展目标与原则展开[1][2]。

具体目标可以做出具体规划，一般包括如下几点内容：

（1）数量目标。即在一定时期内馆藏数量的增长到某个具体指标，对入藏文献要达到的广度、新度做明确要求。

（2）质量目标。即对入藏文献的科学价值、现实价值和参考价值提出明确的标准，明确入藏各载体类型、各学科、各语种、各主题文献的覆盖率达到什么比例，对入藏文献要达到的深度做明确要求。

（3）特色馆藏目标。图书馆应根据本馆的性质、服务宗旨、用户需求和共建共享机制等因素，确定本馆馆藏的特色，并做出具体的规定。例如，高校图书馆可根据一级学科和重点教学、重点实验室科研需要，形成特色馆藏。而公共图书馆可以根据本地区的地理、历史、文化，经济，形成特色馆藏。

例如，美国国会图书馆确定了以下的馆藏发展目标：

第一，美国国会图书馆应该拥有国会和各类联邦政府机构履行其职责所必要的所有图书与其他资料。

第二，美国国会图书馆应该拥有所有记录美国人民生活的图书与其他资

---

❶ 高红，朱硕峰，张玮．世界各国图书馆馆藏发展政策精要［M］．北京：海洋出版社，2010.

❷ 朱硕峰．世界各国图书馆数字资源发展政策精要［M］．北京：国家图书馆出版社，2016.

料，无论是原始的还是复制的。

第三，美国国会图书馆应该拥有那些与美国人民有最直接关系的，其他国家和地区的、过去和现在的，原始的或复制的图书与其他资料。

这三条目标是美国国会图书馆制定馆藏文献采选政策的依据。

四、确立文献收藏级别和遴选原则

收藏级别是指图书馆某一学科、专题、文种、载体、类型的文献收藏完备程度，它反映了图书馆馆藏文献广度、深度和新度，以及满足用户需求的能力。馆藏级别可分为完整级、研究级、学习级、基础级、最低级和不予收藏级。

从载体进行收藏级别划分，可以分为印本资源、数字资源、视听文献、缩微文献等；

从文种进行收藏级别划分，可以分为中文和外文，外文也可以具体到某种语言，比如英文、日文、俄文等；

从文献类型进行收藏级别划分，可以分图书、期刊、数据库等；

从文献主题进行收藏级别划分，有特藏文献、专藏文献等，如海外中国学文献、抗战文献等；

从学科内容进行收藏级别划分，可以参照中图分类法、美国国会分类法、杜威分类法等。高校对于学科内容的划分，根据国务院学位委员会颁布的学科专业目录、教育部颁布的本科专业目录、高职高专专业目录等。

国内外很多图书馆都借鉴了美国国会图书馆的文献收藏级别方法[1]。按照等级分为：不予收藏（Out-of-Scope）、最低级（Minimal Level）、基本级（Basic Information Level）、学习级（Instructional Support Level）、研究级（Research Level）、完整级（Comprehensive Level），具体如表 2-2 所示。

---

[1] 高红，朱硕峰，张玮．世界各国图书馆馆藏发展政策精要［M］．北京：海洋出版社，2010.

表 2-2 美国国会图书馆的文献收藏级别

级别	名称	具体描述
0	不予收藏	图书馆不收藏该领域文献
1	最低级	指较少入藏，仅收藏该领域最基本的著作
2	基本级	指一般性馆藏，其收藏目的是维持不断更新的、用于介绍某个学科或导引用户可获取某类文献的文献资料
3	学习级	指能够支持本科生和大部分研究生教育所需要或相同级别的研究所需要的文献。包括广泛的基础类专著、重要作者的全部文集、次要作者的精选文集、代表性期刊和与学科相关的参考工具书及基本书目文献
4	研究级	指包括撰写学位论文和独立研究所需的主要出版物，包括研究报告、最新发现、科学实验结果及其他对研究者有用的信息。其目标是收藏该领域所有重要参考文献和广泛的专业著作，还有大量的相关期刊和主要索引、文摘。历史文献也应予以保留，以供历史研究
5	完整级	指包括各个语种记载的所有重要的知识（印刷品、手稿及其他载体）的收藏。该级别的馆藏通常亦被称为“特色馆藏”，目的是竭尽所能、毫无遗漏地收藏该领域内的文献

五、确立馆藏的采访职责

文献资源的采访职责，一般要明确文献的采集方式、采购方式、购买模式等。

（1）采集方式。包括购买、交存、接受捐赠、交换、征集、接受调拨、复制文献等。

（2）采购方式。包括公开招标采购、邀请招标、竞争性谈判、单一来源采购、询价采购、竞争性磋商等政府采购，以及馆定集中采购，部门分散采购等；

（3）购买模式。包括现货采购模式、预订采购模式、邮寄采购模式、网络采购模式、读者驱动采购模式、循证采购模式、买断模式、订阅模式等。

六、确立馆藏的处置职责

馆藏资源的处置职责，包括馆藏保护方式、馆藏复选方式、馆藏利用方式、馆藏评估方式。

（1）馆藏保护方式。确定馆藏保护的目的和原则，可根据图书馆相关规定确定馆藏文献资源的保护级别。

（2）馆藏复选方式。包括复选的目的、原则和标准，包括对馆藏文献的筛选、调整和剔除等内容。

（3）馆藏利用方式，包括到馆阅览、外借、文献复印、文献传递和馆际互借等内容。

（4）馆藏评估方式。确定馆藏评估的目的、原则、标准和方法。

七、确立文献共建共享职责

馆藏发展政策需要阐述图书馆在本单位（学校、部门）文献资源保障体系中，以及在地区性、行业性、全国性或其他文献资源共建共享合作体系中的角色与作用。

（1）明确文献资源共建共享的原则和内容范围，明确本图书馆在该文献资源体系中的职责和义务。

（2）确定具体的共建共享合作方式，与相关机构或者联盟，签订相关协议合同，确保各方权益。

（3）明确馆际互借和文献传递的具体实施机制。

第六节　国内外图书馆的馆藏发展政策介绍

国外很多图书馆都有自己的馆藏发展政策，有的政策较为简练，有的则篇幅很大，内容各有侧重。有的图书馆只提及了印本资源的馆藏发展政策，也有的图书馆不光有印本馆藏发展政策，还有数字馆藏发展政策。下面将以国家图书馆、高校图书馆、公共图书馆和图书馆联盟几种类型进行分别介绍。对于我国各类型图书馆来说，也应该根据自身情况，参考对标图书馆的情况[1]，制定适

[1] 孔令芳，田稷，韩子静，等.世界一流大学图书馆馆藏发展趋势研究［J］.图书馆杂志，2021，40（6）：9.

合本馆需要的馆藏发展政策。

一、英国国家图书馆的馆藏发展政策

（一）馆藏发展目标

以英国国家图书馆[1]，（也称大英图书馆，The British Library）为例，其任务和使命就是要为学术、研究与创新提供世界先进的文献资源，帮助人们获取世界上的知识、科学和文化的遗产[2]。远景目标是将来人们无论是在工作中还是在学习中，在学校还是在家中，英国国家图书馆的藏书和外部的其他信息资源都能够到达每个人的虚拟书架上。英国国家图书馆的文献资源建设，必然要围绕这一馆藏发展目标来进行。

（二）文献收藏级别和遴选原则

总的来说，英国国家图书馆的藏书建设的核心目标是通过为后人保留英国出版的知识智慧产品，使英国国家图书馆的藏书代表国家的整体记忆。为了有助于实现这个目标，一方面国家立法制定了缴送制度以确保图书馆有权得到在英国出版的任何图书、期刊和报纸的一册（件）；另一方面英国国家图书馆要不断购买来自世界各地的研究级水平的文献资料，以及适量的、不同形式的未出版资料作为补充。

（三）文献资源的采访职责

1. 缴送

英国国家图书馆根据 1911 年的《版权法》和 1963 年《爱尔兰版权法》所规定的："在联合王国和爱尔兰共和国的所有出版商和发行商，有法定义务将每种出版物各一册（件），在其出版后的一个月内，缴送给英国国家图书馆的法定缴送办公室。"

例如，关于现代英国及爱尔兰文献，该图书馆规定，英国及爱尔兰的出

---

[1] 英国国家图书馆［EB/OL］［2022-3-6］https：//www.bl.uk/.

[2] 顾犇．外文文献采访工作手册［M］．北京：北京图书馆出版社，2004.

版物主要通过法定缴送的方式收集，收藏的深度和广度也完全取决于图书馆通过法定缴送取得的书刊的种类的多少。法定缴送规则不包括的出版物类别有：内部报告、考试卷、本地交通时刻表、日记记事本、挂历和台历、海报张贴画等。

由于英国国家图书馆的目标是要成为存储和索取数字文本的学术研究资料的重要世界中心，目前新的藏书策略中就提出了增加数字型资料的收藏，图书馆也在极力敦促政府把法定缴送范围扩大到包括电子文件、视听及多媒体文献等非印本出版物。自 2000 年 1 月以来英国国家图书馆一直使用的是自愿呈缴电子出版物的过渡协议并且通过“电子出版物自愿缴送实施规则”进行管理。

2. 购买

除法定缴送的文献，英国国家图书馆每年要斥巨资用于购买文献资料。购买的文献分为：研究级水平的当代外文文献、海外英语文献；各学科领域、各种时期和各种形式的能够填补历史记录空白的文献资料；缴送文献中用于外借和文献提供的复本。

3. 接受捐赠和永久借用

接受捐赠及特殊情况下对文献的长期借用，这些文献可以大大丰富馆藏的内容，在一定程度上减缓了购书经费的压力。对这些文献的接收，要与图书馆的总体馆藏发展政策相一致，要优先接收那些能够永久入藏的文献，一般情况下不予接收馆藏中已有藏品的复本。

这些收藏可能会包括一些在一般情况下通过法定缴送得不到的文献资料（如广告宣传资料、不公开发行的政治资料和新创出版物），或者是与某些重要的作家有关的著作（如作家工作中用过的小册子），或者是基藏中的某些藏品的珍稀版本等。

（四）馆藏管理制度

1. 复本

图书馆为了支持馆际互借和文献提供，还购买许多缴送书刊的复本，英国国家图书馆的文献提供中心在选择购买这部分书刊时也有一定的原则。

2. 保留和剔除

图书馆需要保存国内所有印本文档。一般情况下对其所藏图书，特别是法定缴送的藏书不予剔除。对于购买来的用于外借和阅览参考的缴送本复本，在不需要时可以剔除，但缴送本需要保留。

3. 馆藏共建共享合作

英国国家图书馆与国内的其他图书馆协调、合作进行采访。包括东方和非洲研究学院、自然历史博物馆、高级立法研究院、高级研究学院、伦敦经济学院等机构都与其签订了合作协议。

二、剑桥大学的馆藏发展政策

（一）馆藏发展目标

作为世界顶级的、有着悠久历史的高校，剑桥大学在世界高校的排名一直稳定在前十名。剑桥大学的馆藏发展政策是比较详尽和成熟的，值得国内双一流高校借鉴和学习。[1]

剑桥大学图书馆的使命声明中，列出的优先事项之一是其为“剑桥大学和全球学术界提供和发现领先信息”的目标。剑桥大学图书馆将文献资源建设确定为图书馆成功的一个重要战略组成部分，通过预测和响应用户不断变化的需求来提供价值。同时，它认为作为一个具有国际重要影响力的图书馆，其负有更广泛的责任，需要继续作为国家研究图书馆，发挥文化遗产的作用，并将保护和发展其世界级的特别藏品。该图书馆积极支持学术交流，尤其是通过开发和连接开放获取出版物和其他研究内容，创新了图书馆馆藏开发方法模式。

（二）法定交存职责

剑桥大学图书馆是根据2003年《法律托管图书馆法》，有权接收在英国及爱尔兰出版文献的六家图书馆之一。其他图书馆包括英国国家图书馆、牛津大学博德莱恩图书馆、苏格兰和威尔士国家图书馆，以及都柏林三一学院图书

[1] 英国剑桥大学馆藏发展政策［EB/OL］［2022-3-6］https：//www.lib.cam.ac.uk/about-library/library-management/policies.

馆。《2013年法定交存图书馆（非印刷品）条例》将法定存放范围扩大到电子出版物。

（三）文献收藏级别和遴选原则

1. 总原则

剑桥大学图书馆的文献遴选原则是要保证藏品的多样性和广泛性，支持剑桥大学图书馆作为国家研究图书馆的角色，支持当前的大学研究要求，确保该学科的文献要求在大学范围内得到满足，响应新出现的研究需求，支持新的研究领域，避免重复收集，支持图书馆之间的协作。

2. 外文馆藏

对于外文馆藏，剑桥大学图书馆主要收藏欧洲语言，近东、远东和中东语言，南亚和东南亚语言的研究级出版物。对于外文文献的遴选，要求它们与相关语言区域的文化有关；它们是该领域公认专家的作品；作者对该主题做出了重要的原创贡献；通常认为英语文献报道不充分时，需要外文其他文献进行补充。

3. 在线数据库

对于在线数据库资源，图书馆与教师、系和学院协商以支持研究和教学。根据相关图书馆、研究和教学人员的学科专家提出的全文和摘要索引数据库进行选择。除了成本考量，考虑的因素还包括与特定课程或研究小组的要求相匹配、与同行团体机构的基准比较、各学科的支出平衡，以及与现有资源的查重情况。

4. 特别收藏手稿

对于特别收藏手稿，这是剑桥大学图书馆的特色馆藏，该馆收藏了非常广泛的手稿和档案，这些手稿和档案自13世纪以来一直在积累。优先考虑的是有关剑桥大学及其成员的资料，以及可以增强或补充现有手稿的材料。

5. 珍贵馆藏

对于珍贵馆藏，主要是购买1900年以前印刷的欧洲语言书籍和小册子，也包括期刊出版物。例如，个别早期新闻书籍和期刊。遴选的一般原则是在现有藏书优势的基础上精挑细选，从而增加它们本已丰富的研究价值。特别重要的类别包括入籍者、与剑桥特别相关的书籍，以及歌德、蒙田和斯威夫特等特殊作者收藏。

6. 其他特别收藏

对于其他特别收藏，尤其是地图和音乐，将在现有收藏优势的基础上继续积累。这些藏品将配合主题内容一起提供服务。一些附属图书馆，如惠普尔图书馆收藏了重要的特别藏品，继续积累馆藏以支持研究。

7. 参考资料

剑桥大学图书馆考虑到数字出版物在利用上的优势，大多数参考书、参考书目、词典、百科全书、主题手册和指南，都可以通过网络电子方式获得，这样可以支持快速和广泛的参考咨询，并减少整个大学所需的文献副本数量。

8. 多媒体资源

应对全球对声音和运动图像收藏需求的快速增长，剑桥大学图书馆选择和获取订阅和 / 或许可的多媒体收藏。通过发现系统和目录链接，提供对国家资助和其他免费提供的多媒体资源的访问。在实施上述内容时，它将考虑学科内容研究和教学的新兴领域，如比较重要的非洲研究、戏剧，以及跨学科领域。

9. 开放获取资源

剑桥大学图书馆通过将开放获取出版物，如电子期刊、电子图书和数据，与购买的材料一起作为馆藏进行管理，从而促进和支持开放获取出版物的使用。通过加载 MARC 目录记录，促进他们在图书馆目录中被发现。确保 OA 出版物的元数据由图书馆发现系统获取。链接到 A–Z 列表和网站中的 OA 出版物。

10. 数字化内容

通过剑桥数字图书馆（Cambridge Digital Library）分享其优秀藏品，并通过使其与剑桥大学及其合作者的学术研究兴趣保持一致，来增强其数字藏品。它的目标是让数字图书馆的内容在教学和研究中免费使用。由特藏部与数字服务、学术界、资助机构和捐赠者合作选择数字化内容。

三、旧金山公共图书馆的馆藏发展政策

美国旧金山公共图书馆（San Francisco Public Library）是一个服务于旧金山市民为主的公共图书馆系统，它是由位于市中心的总馆，以及 27 个均匀地散布在各个社区的分支图书馆共同组成。旧金山公共图书馆作为美国知名的公共图书大馆，其面向社区服务的馆藏建设，一直走在全美的前列。

旧金山公共图书馆的馆藏发展目标，是要为所有年龄段的公众提供高质量的书籍和其他馆藏材料。这些馆藏内容形式多种多样，包含各种语言。

（一）馆藏发展政策

为了满足各种公众用户获取知识的权利，旧金山公共图书馆认为馆藏内容的采选应该是包含各种观点在内的，甚至可以包括一些公众认为是有争议的内容，而不能只代表某种观点，这样才能满足不同人群的利益诉求。旧金山公共图书馆为所有用户提供馆藏服务，体现了图书馆自由和公平的文化服务理念。在选择馆藏内容时，图书馆采访工作人员通过专业的采选平台和规范的业务流程，利用自己的学科专业知识及丰富的采选经验来进行判断、选择。同时，旧金山公共图书馆要求采访馆员主动征求用户的建议，认真梳理用户的实际需求以及寻找用户的预期需求。在有限的图书馆购书经费预算和图书馆的物理空间的双重限制下，重点加强文化、文学、审美和教育方面的文献采选。旧金山公共图书馆明确支持美国图书馆协会的图书馆权利法案、自由阅读声明、自由观点陈述、道德规范以及图书馆员的核心价值观的声明。

在旧金山公共图书馆馆藏发展政策的影响下，旧金山公共图书馆提出了符合上述要求馆藏采选标准，具体如下：是否能够满足旧金山社区的需求和利益诉求；高艺术性、文学价值；当地特色；作者的声誉和影响力；权威性；客观性；原创性；大众和专业媒体的评论；预算、成本和空间的考虑；现实意义和当前的有效性；符合美国法律的物品（如版权、贸易法规）；支持美国图书馆协会的图书馆权利法案、自由阅读声明、自由观点陈述、道德规范及图书馆员的核心价值观的声明。

（二）数字馆藏发展政策

旧金山公共图书馆详细介绍了其对于数字资源的馆藏发展政策，认为数字资源是指那些以数字形式进行存储和显示的，以及通过计算机和其他电子设备进行访问的内容。这些资源通常被称为数据库、在线内容，以及数字内容、数字资源、数字媒体等。旧金山公共图书馆收集各种数字资源，可能包括下列部分或全部：全文的杂志、报纸、期刊和其他连续出版物，以及数字参考文献、索引、摘要、图像，还有电子图书和电子媒体。

在旧金山图书馆总馆和分馆中，这些数字资源馆藏使得在图书馆外，都可以方便地加以利用，可以大大提高图书馆信息资源的利用能力。同时其中的一些数字资源，也能够共享给加利福尼亚州的其他图书馆系统。在遴选文献时，图书馆采访人员除了按照上节的文献采访标准进行操作之外，还必须考虑以下十一方面：报道范围、易用性、数据库试用反馈、并发用户数量、内容输出方式、内容的所有权、可能的技术风险、与印本馆藏资源的关系、远程访问、技术可支持性、使用情况统计。

除了从供应商购买的数字资源外，其他数字资源是从馆藏自身提供的，以便于图书馆进行在线访问和长期保存。图书馆文献数字化的载体类型很全，包括书籍、报纸、期刊、照片、手稿和档案材料、缩微印刷品、视听磁带和光盘等媒体。数字化工作是由图书馆自身的工作人员或供应商来完成的，同时还包括相应的编目及元数据的提供，以方便公共访问。尽管图书馆数字化内容千差万别，但是数字资源的采访职责和管理职责与实体馆藏资源相似。

选择：进行数字化的资源内容应该是具有独特价值的，与当地的历史相关的，与政府相关的，用户喜闻乐见的，或者受到版权保护的。此外不易保存的脆弱文献、非流通的资源也是图书馆关注的，这些内容的数字化具有独到的意义，因为他们可以避免实体馆藏的进一步老化，带来的负面影响。

保存和剔旧：旧金山公共图书馆认为，所有数字化文献应被视为长期数字资产，适当的保存的方式，将确保他们的长期生存能力和迁移到新格式的能力。

共享：旧金山公共图书馆坚持不断建立元数据标准，允许与其他机构进行共享和交换，尤其是加利福尼亚的数字图书馆。目前加州本地历史数字资源项目，是供所有加州图书馆使用的，包括他们的标准与他们的系统。

四、中国高校人文社会科学文献中心的馆藏发展政策

中国高校人文社会科学文献中心（China Academic Social Sciences and Humanities Library，CASHL）是教育部领导下，为我国高校哲学社会科学教学科研，提供外文文献及相关信息服务的最终保障平台，建设目标是“国家人文社会科学文献资源平台”。

CASHL的建设宗旨是组织若干所具有学科优势、文献资源优势和服务条件优势的高等学校图书馆，有计划、有系统地引进和收藏国外人文社会科学文献资源，采用集中式门户平台和分布式服务结合的方式，借助现代化的网络服务体系，为全国高校、哲学社会科学研究机构和工作者提供综合性文献信息服务。

CASHL的馆藏发展政策是本着“整体建设、统筹安排、相对集中、讲求效益”的原则，通过建设全国中心、区域中心和学科中心三级体系，实现高校图书馆馆际文献收藏与服务的分工合作，建设我国人文社会科学领域最高水平、最全面和最可持续的外文人文社科文献资源中心。

CASHL的具体建设政策是：

本着共建、共知、共享三原则，完成全学科布局，通过协调采购，由有一定学科优势的高校负责相关学科的采购，提升和加强国家的整体学术水平。

开展学科化、体系化、特色化的文献资源采访。根据国家的战略发展需求、高校人文社会科学文献的整体收藏情况，统筹规划，印本与数字资源结合，开展文献资源的协调建设。对断档期的文献进行回溯补充。加大投入原始资料与大型特藏建设。

建设国家层面的文献安全保障体系。继续扩大品种数，组织好文献采选和查重补缺工作，尽可能保证国外出版的重要学术文献，在国内都有收藏。

构建中国特色文献资源采访管理体系。形成由全国中心、区域中心、学科中心、服务馆、成员馆组成的“CASHL管理中心”“CASHL专家咨询组”“CASHL文专馆藏发展小组”等不同组织、不同层级的管理体系，为构建CASHL馆藏体系，为有效提供服务提供保障。

第三章　如何搜集文献出版信息

随着信息技术的飞速发展，国内外出版市场也发生了深刻的变化，出版物数字化转型的趋势已经势不可当，而且还涌现了许多新文献出版形态，如开放获取资源、预印本资源、活态记忆资源、社交网络资源等，给图书馆文献资源采访带来了新的机遇和挑战。数字资源取代印本资源，图书馆文献资源转型发展、纸电协调发展等各种声音不绝于耳，这些内容需要图书馆认真研判。在采访实际工作中首先要了解文献出版特点，把握出版发展趋势，研究其在图书馆文献采访中的影响，去伪存真，去粗取精，搜集好文献出版信息。

第一节　主要出版类型及其对文献资源采访的影响

当前出版行业呈现出多元化的出版态势，图书馆采访工作面临着日益复杂的挑战。图书馆要构建更加合理的、多元化的馆藏资源体系，使其跟上时代步伐，不断满足用户的多元化文献需求。

一、传统出版

（一）传统出版的定义

传统出版是个具有时代发展印记的相对概念，与“数字出版”一起，形成了一对对立概念。本书中所提及的传统出版，主要是指出版产品以纸质出版物为主的出版过程和形态。

（二）传统出版的特点

传统出版经过长时间的现代化洗礼，其出版流程和出版质量日趋成熟，产业链和市场用户已经日趋稳定。传统出版的生产和传播流程主要遵循选题策划、编辑和审稿、印刷和复制、发行和销售、阅读体验的线性轨迹。出版社主要是通过生产加工优质内容产品，在市场上发行销售后，从消费者处获得收益。出版社的选题策划和营销决策，主要基于编辑的经验和能力。优秀出版社具有更强大的内容编辑、开发与销售能力。

虽然不少人预言了传统出版的没落，幻想图书的无纸化出版，但是就目前看，传统图书出版市场仍相对有活力，发展态势稳定。数字出版与传统出版，两者并不是你有我无、你涨我落的竞争关系，而呈现出相互补充、不断融合、相互成就的关系。

（三）国内外出版业的发展情况

据国家新闻出版署发布的《2020 年全国新闻出版业基本情况》显示[1]，2020 年全国出版图书 103.74 亿册（张）、期刊 22.35 亿册、报纸 289.14 亿份、视听制品 1.75 亿盒（张）、电子出版物 2.53 亿张。

2020 年，全国出版新版图书 213 636 种，总印数 23.22 亿册。重印图书品种与印数仍然均超过新版图书。全国共出版期刊 10 192 种，平均期印数 11 133 万册，每种平均期印数 1.12 万册，总印数 20.35 亿册。全国共出版报纸 1 810 种，平均期印数 15 692.99 万份，每种平均期印数 8.67 万份，总印数 289.14 亿份。全国共出版录音制品 5312 种、12 194.67 万盒（张）。全国共出版录像制品 3299 种、5320.34 万盒（张）。全国共出版电子出版物 7825 种、25 270.74 万张。全国出版物进出口经营单位累计进口图书 3223.69 万册、23 137.80 万美元。期刊进口 238.57 万册、12 245.32 万美元。

截至 2020 年年底，全国共有出版社 586 家（包括副牌社 24 家），其中中央级出版社 219 家（包括副牌社 13 家），地方出版社 367 家（包括副牌社 11 家）。全国共有视听制品出版单位 381 家，电子出版物出版单位 316 家。在版

[1] 国家新闻出版署．2020 中国新闻出版统计资料汇编［M］．北京：中国书籍出版社，2020.

权贸易方面，2020 年，全国共引进图书、视听制品和电子出版物版权 14 185 项，输出图书、视听制品和电子出版物版权 13 895 项。

从国际学术图书的出版量上看，印本图书还保持着数量上的绝对优势。根据 2020 年 3 月 4 日由世界出版商协会和世界知识产权组织联合发布的“2018 年全球出版业状况”报道来看，2018 年美国数字出版销售只占出版销售总额的 19.4%，日本、瑞典、韩国和美国这些数字出版销售最多的国家，都没有超过其销售总额的四分之一。不少国外出版社仍只出版印本图书，并没有出电子图书计划；从图书定价策略和涨幅上看，参考《图书馆和图书贸易年鉴 2020》(*Library and book trade almanac 2020*)[1]，取 2015 年到 2019 年的 5 年涨幅平均值，北美学术图书的平均价格涨幅为 1.1%，而同期期刊的涨幅是 6.2%，图书的涨幅没有期刊涨幅那么剧烈，印本图书的采访压力还在可控范围；从用户需求角度看，经过长期的适应和习惯，印本图书使用习惯有巨大的黏性，印本图书的用户需求仍然旺盛。

（四）传统出版对文献资源采访的影响

传统印本资源入藏的优势，一是在于用户的阅读习惯，尤其是人文学术印本图书，更加适合用户的深度阅读。二是印本资源的版权情况简单，图书馆对印本资源有完整的再利用权益，这是数字资源所不能比拟的，不少电子图书有着并发用户数量限制，一系列利用方式上的限制，给图书馆用户带来了新的困扰。

另外，近几年纸电同步出版的发展并不快，很多出版机构为了维护自身利益，对纸电同步出版并不积极，往往也只出版印本图书。而印本图书的价格与电子图书的价格也在不断博弈，前些年电子图书明显比印本图书便宜，而最近几年不少出版社根据电子图书的利用量，电子图书的定价明显高于印本图书的定价，这也引起了图书馆文献采访人员的思考，以及采访策略的调整。

---

[1] Library and book trade almanac 2020. [M] .The Council of National Library and Information Associations, 2021.

二、数字出版

（一）数字出版的定义

数字出版是人类文化数字化传承的一种方式，它是建立在计算机技术、通信技术、网络技术、流媒体技术、存储技术、显示技术等IT技术基础上，融合并超越了传统出版，而发展起来的新兴出版产业。它强调出版内容的数字化、编辑加工的数字化、印刷复制的数字化、发行销售数字化和阅读消费数字化等。

（二）数字出版的特点

数字出版最大的特点就是将出版行业带入了全数字化流程，使得从内容的生产到内容的传播、再到内容的使用都实现了数字化。数字技术为出版业的发展提供了新的机遇，从内容采集、编辑整理到出版服务平台的建设都离不开IT技术的支持。

目前，不仅世界头部出版集团早已积极地完成了数字出版转型，使其服务能力更强。很多非传统的新兴技术型出版公司也都直接进入数字出版，对传统出版公司构成新的挑战。相对于传统的印本出版，数字出版无论载体形态、内容形式、传播渠道、运营模式都改变了人们对出版业的既有认知，其出版模式更新的速度让人目不暇接，在用户看来，往往还没有充分了解某些数字出版物，它们就已经过时而被淘汰。

（三）数字出版对文献资源采访的影响

数字化是国内外出版市场的发展趋势，也是图书馆馆藏资源建设的趋势。图书馆在数字出版浪潮下，正在加速向数字资源靠拢，尤其是高校图书馆面临教学和科研的需求，对数字资源的需求旺盛。不少图书馆已经逐步取消印本书刊的订购，直接订购电子书刊。尤其是新冠疫情对图书馆的服务产生了直接的影响，到馆服务的暂停，数字资源使用的激增，更是加速了纸转电的进程。

三、自助出版

（一）自助出版的定义

自助出版（Self Publishing），是指由作者本人在不借助其他任何第三方出版机构的情况下，自行出版其所著作品的出版方式。[1]

自助出版起源于美国并繁荣于美国，现在欧洲和亚洲图书出版市场也越来越多地采用自助出版模式。据亚马逊统计数据，目前美国自出版的畅销图书已经占到全部畅销图书 30%。那些非主流的中小出版社和不受重视的作者群，根据自己的需要，快速地想印多少册就印多少册，想怎么印就怎么印。2020 年，单是自助出版这一项，美国最大的图书分销商英格拉姆内容集团就出版了 700 多万本书，销售收入超过 1 亿美元。亚马逊公司已经是自助出版领域的头部公司，旗下的 Kindle 直接出版公司（Kindle Direct Publishing）负责电子图书自助出版，其在美国推出自助数字出版平台，打破了出版商对书籍内容的垄断，缩减了从作者到用户的中间环节，实现了 Kindle 直接出版，在增加作者版税收入的同时，也推动了网络文学的快速增长。

（二）自助出版的特点

自助出版与传统出版模式相比，其优势如下：一是自助出版降低了出版门槛，普通人也可以轻松获得图书出版的机会，一些之前不符合传统出版社的出版口味，进而没有机会进入出版市场的作品，终于有了出头之地，许多专家、学者和普通百姓实现了出版梦想；二是自助出版的流程相对于传统出版来说较短，编辑、装帧、审校环节简单，因此出版的效率更高，出版内容的时效性更强；三是自助出版给予作者更大的话语权，其在图书的营销方式，以及体现作者本人的出版意志等方面，有着传统出版不可比拟的优势；四是自助出版模式下，作者如果依靠优秀的出版作品，将获得更多的版税收入，传统版税只有 5% ~ 30%，但自助出版可以让作者获利高达 30% 以上。

自助出版的劣势也很明显，就是有些出版社的图书质量把关并不严，虽然

---

[1] 杨柳．自助出版及其对图书馆外文文献采访工作的影响［C］// 国家图书馆，中国图书馆学会资源建设与共享专业委员会．北京：国家图书馆出版社，2014：50-54.

整体看自助出版市场也能出版很多高质量图书，但是低质量图书也大行其道。另外，自助出版的图书销量也是两极分化，并非只赚不赔。可以说，自助出版并不是适合所有作者的平台，优胜劣汰、适者生存是自助出版市场遵守的丛林法则。

（三）自助出版对文献资源采访的影响

这几年国内外自助出版图书的对图书馆采访工作产生了新的影响。然而任何事物都有其两面性，当我们看到自助出版图书降低，出版门槛，繁荣了出版市场，满足了作者的出版意愿，并带来了可观的收益，图书馆可采选图书数量不断增加的同时，也要看到自助图书出版带给图书馆采访人员的难题。一些自助出版图书的题名摘要为了销量而故意吸引眼球，书的内容一般。如果图书馆因此造成了误选，则是对图书馆有限的购书经费的一种浪费，这种损失会点滴聚集起来，长远看来必将对图书馆馆藏质量造成一定的损害。因此面对自助出版图书，图书馆的采选策略有以下两点：第一，采访人员应重视和甄别自助出版图书的馆藏价值，谨慎采选；第二，关注哪些自助出版平台（出版社）的图书比较切合馆藏要求。

四、按需印刷出版

（一）按需印刷出版的定义

按需印刷（Print on Demand，POD）出版是一种根据作者和用户的需要，采用先进的数字处理系统、数字印刷系统和网络系统进行文献出版发行的出版方式。

（二）按需印刷出版的特点

按需印刷出版能够将那些曾经在市场上正式发行过的印本资源，进行数字印刷以满足市场小众需求，由于出版社满足了图书馆和用户的需求，又可以有效控制成本，因此国内大量出版社，如知识产权出版社、中国标准出版社等都陆续开展了按需出版业务，取得了良好的经济效益。2014 年 9 月北京国际图书博览会上，主办方中国图书进出口（集团）有限公司在展厅放置了诸多先进的按需印刷设备供观众参观体验，第一次让大众近距离接触到按需印刷出版的魅力。

（三）按需印刷出版对文献资源采访的影响

补藏馆缺是图书馆采访工作中的一项重要内容，由于按需印刷可以解决图书馆所需的短版书、绝版书、断版书，以供各类型的用户个性化需求。[1]因此受到了公共图书馆、高校图书馆等的重视。从2012年开始，一些重要大学出版社，如哈佛大学出版社、普林斯顿大学出版社等，纷纷向国家图书馆提供了大量按需印刷出版书目。

图书馆面对按需印刷图书的采访策略有以下几点：一是确定按需印刷图书内容是否适合馆藏；二是认真查重，确定按需印刷图书对应的原版图书是否已有馆藏；三是纸张印刷质量能否达到馆藏标准；四是控制按需印刷图书采购数量，认真了解其出版价格是否合理，不要影响当年新书购买计划的执行。

五、开放获取出版

（一）开放获取出版的定义

开放获取也叫开放存取（Open Access，OA），下文均以OA表述。它是为了降低学术交流门槛，为学术科研服务的一种新型的学术资源开放传播模式，打破了传统的商业出版模式。

根据“布达佩斯开放获取计划（Budapest Open Access Initiative，BOAI）”对OA的定义：OA意味着某文献可以在互联网公共领域里被免费获取，允许任何用户阅读、下载、复制等任何合法用途[2]。

近年来OA发展迅猛，目前OA期刊的数量已超过2万种，OA图书的数量已超过6万种，OA出版社达1000余家，机构知识库数量超过2000个。

---

[1] 平安．论三种图书出版模式对图书馆西文图书采访的影响［C］// 数字时代文献资源建设新思路——第六届全国文献采访工作研讨会论文集．北京：国家图书馆出版社，2016：302-307.

[2] BOAI.［2022-03-08］. http：//www.budapestopenaccessinitiative.org.

DOAJ、PLoS、OALib 等知名的 OA 资源平台已经得到广泛科研人员的认可和使用。

（二）OA 图书出版

2008 年，欧盟资助了欧洲 OA 出版网络（OAPEN）项目，以探索人文社科学术专著的 OA 出版模式。2012 年 4 月，OAPEN 发布 OA 图书目录 DOAB，以增加 OA 图书的可检索性和可发现性，DOAB 被视为国际上最重要的开放科学基础设施。截至 2022 年 4 月 6 日，DOAB 平台上已经收录了来自 564 家出版商的超 50 000 册学术同行评审书籍。这一数字较 2015 年底统计的 125 家出版社的 3624 种 OA 图书有了巨大的增长，这与传统学术出版市场的印本图书增长率几乎为 0 相比，能看出明显的此消彼长趋势。考虑到其他各种 OA 图书平台，如 OpenEditionbooks、CLACSO、InTech、NAP 等，经过粗略统计现在 OA 图书数量已达 6 万种以上，学科分布广泛，且以社科类图书为主。

OA 图书出版是近些年刚兴起的新事物，掌握大量出版资源的出版社和出版集团并不会将所有资源和精力倾斜给 OA 图书出版，目前稳健的做法是在兼顾传统学术印本图书市场的销售同时，出版社有意识地尝试进行 OA 图书的出版，因此 OA 图书出版还不能代替传统图书出版。目前国际传统学术图书每年新增出版物稳定在 15 万种左右。而 OA 图书目前总数也才 6 万多种，两者还不在一个档次上，具体见表 3–1。

表 3–1　国际著名出版社的 OA 图书数量统计（截至 2022 年 4 月 6 日）

国际知名出版社	OA 图书数量
Brill	624
Springer Nature	2122
De Gruyter	2364
Bloomsbury Academic	311
Oxford University Press	195
Cambridge University Press	30
Princeton University Press	1
Amsterdam University Press	505

续表 3-1

国际知名出版社	OA 图书数量
Taylor & Francis	2000
Elsevier/Academic Press	6

（三）OA 出版的发展现状

随着这几年国际开放获取出版环境日益成熟，国际出版行业积极应对 OA 带来的挑战，通过掌控上游出版渠道，逐渐摸索出一系列 OA 出版的新模式，使得 OA 出版比做传统订阅更容易赚钱，也有的传统订阅做了几年都还是亏钱，但 OA 出版是稳赚不赔，这极大地促进了更多的传统出版社加入到 OA 出版商的阵营中。同时，国家、地区和机构层面强制 OA 的政策体系在不断完善，在开放获取 2020 计划、S 计划（PlanS）等一系列政策的推动下，全球大部分有影响的研究型大学，美国、欧盟、澳大利亚等国的国家科研基金等都已采用强制性 OA 政策，要求其资助的学术研究所发表的出版物对公众免费开放。惠康基金会将 OA 出版资助政策扩展到图书，德国马普学会、奥地利科学基金会、瑞士国家科学基金会等均以不同的方式资助学术书刊的 OA 出版。由于 OA 资源的价值凸显，国际上出版社和科研机构关于 OA 资源的博弈越来越多，尤其是国际几个知名出版商的 OA 出版动向和科研机构的合作意向，成为左右 OA 发展的重要风向标。2020 年 6 月 16 日，美国加州大学宣布已与施普林格自然出版社签署了 OA 协议的谅解备忘录，出版商承诺从 2022 年开始，同意该校的文章通信作者在《自然》（*Nature*）系列期刊上发表的所有文章可供用户免费阅读。

美国大学与研究图书馆协会（ACRL）在 2020 年度学术图书馆趋势报告指出[1]，在过去几年，开放获取领域有重大发展，一方面图书馆和出版商间原有的协议被取消；另一方面新的协议得以签署。继 2019 年初加州大学系统取消订阅爱思唯尔产品后，美国北卡罗来纳大学教堂山分校协会在 2019 年年底宣布，他们与爱思唯尔公司的续约谈判将持续到 2020 年。考虑采取同样方式的机构

---

[1] ACRL2020 学术图书馆趋势报告［EB/OL］.（2020-06-01）［2022-03-08］.https://crln.acrl.org/index.php/crlnews/article/view/24478/32315.

材料可参考 SPARC 的“知识仓库的重大交易跟踪和取消系统”。加州大学推出了“与学术期刊出版商谈判工具包”“转型开放获取协议的评估指南”“期刊转向开放获取出版过渡指南”。

近几年出版商与图书馆或图书馆联盟之间达成了许多新的变革性协议，签订了许多支付订阅和出版费用的协议。这些协议可认为是在图书馆或图书馆联盟从为订阅合同付款，转向为支持开放获取出版付款的转变。这种转变有多种形式，包括抵消支付的协议，支付订阅和出版费用的协议，只支付出版费用即获得开放获取的协议。[1]

（四）OA 出版的版权协议

在 OA 版权问题上，多遵循知识共享许可协议（Creative Commons License，CC 协议），它是在特定的条件下将著作权人的部分权利授予公众。CC 协议共有六套核心知识共享许可协议，由以下署名、非商业性使用、禁止演绎、相同方式共享四种授权要素组合、搭配而成。

①署名（by）：允许向公众传播，但使用者必须保留创作者对原作品的署名。

②非商业性使用（nc）：允许向公众传播，但仅限于非商业目的。

③禁止演绎（nd）：允许原封不动地向公众传播，但不得进行演绎创作。

④相同方式共享（sa）：允许他人演绎，但前提是他人对演绎作品使用的是与作者原作品相同的许可协议。

这六套核心知识共享许可协议具体如下：

①署名 - 非商业使用 - 禁止演绎（by-nc-nd）：要求注明原作者，不允许商业性使用，不允许修改，禁止演绎（因而不存在新作品是否要求使用同一类许可协议的问题），是六套核心知识共享许可协议中对权利要求最严、限制最多的协议。

②署名 - 非商业性使用 - 相同方式共享（by-nc-sa）：要求注明原作者，不允许商业性使用，允许修改，新作品要求使用同一类许可协议。

---

[1] 赵艳，张晓林，郑建程．图书馆文献订购经费向开放出版经费转化：目标、挑战与策略［J］．图书情报工作，2016，60（1）：5-11.

③署名－非商业性使用（by-nc）：要求注明原作者，不允许商业性使用，允许修改，新作品无须使用同一类许可协议。

④署名－禁止演绎（by-nd）：要求注明原作者，允许商业性使用，不允许修改，禁止演绎（因而不存在新作品是否要求使用同一类许可协议的问题）。

⑤署名－相同方式共享（by-sa）：要求注明原作者，允许商业性使用，允许修改，新作品要求使用同一类许可协议。

⑥署名（by）：要求注明原作者，允许商业性使用，允许修改，新作品无须使用同一类许可协议，是六套核心知识共享许可协议中对权利要求最宽、限制最少的协议。CC-BY 协议是最宽松的开放共享协议，允许对该协议下的内容被无限制的使用、传播、复制等，哪怕是商业用途，前提是要注明原始作者和原始出处。

其中署名（by）：要求注明原作者，允许商业性使用，允许修改，新作品无须使用同一类许可协议，是六套核心知识共享许可协议中对权利要求最宽、限制最少的协议。这种 CC 版权协议模式使得用户在不用接触作者的情况下，最大程度满足了用户的要求，又不会损害作者的权益，将 OA 的理念充分发扬光大。近两年很多 OA 图书还支持更为开放的协议，如 CC0 协议等。清晰的版权扫清了 OA 资源再利用上的障碍问题，这就为图书馆等机构的 OA 资源建设，打下了坚实的基础。

如施普林格（Springer）整个 OA 图书的版权，包括每个章节的版权仍然归属于作者、编辑，施普林格开放出版社（SpringerOpen）图书出版遵循“署名－非商业性使用”许可，这将有利于图书的开放使用、免费再利用，以及非商业性目的的共享，只要在使用和共享时引用了作者、编辑即可。

（五）开放获取出版对文献资源采访的影响

OA 出版博弈使得终端用户成为最大的赢家，而图书馆仍在寻找自身在 OA 运动中的定位和价值。近 20 年来，国内学者一直关注图书馆在 OA 运动中扮演的角色，思考着图书馆文献资源采访问题，思考如何在出版上游环节领域争取 OA 资源出版发展的话语权，这些都对图书馆的长远发展有着重要的意义。2017 年 10 月，国家科技图书文献中心代表中国签署了开放获取 2020 计划倡议的《关于大规模实现学术期刊开放获取的意向书》。中国科学院文献情报中心近几年陆续开发了开放获取论文一站式发现平台（GoOA）和开放资源集成服务平台（OAinONE），得到了业界的肯定。北京大学刘兹恒、中国科学院文献情报中心初景利等专家都认为图书馆应该抓住机遇，在图书出版产业链的上游打造图书馆自己的OA出版。

开放获取出版对文献资源采访的影响，主要有以下五方面[1]：

1. 拓展馆藏资源深度和广度对纸电协调发展有着深远意义

参与OA出版的机构有施普林格出版集团（Springer）、博睿出版社（Brill）、布鲁姆斯伯里学术出版社（Bloomsbury Academic）、泰勒弗朗西斯出版集团（Taylor & Francis）等商业出版社及牛津大学等大学出版社为代表的500多家出版机构，其OA学术论文、OA期刊、OA图书还在继续发展，数量不断增长。终端用户如图书馆等文献收藏机构和个人用户一直对OA资源持欢迎态度，认为OA资源能够拓展馆藏资源，图书馆可以在这个新的出版生态圈中找到自己的定位。

2. 节省文献资源采访采购经费，度过图书馆采购资金危机

近年来，购书经费紧张影响了图书馆文献保障的连续性和及时更新，在一定程度上阻碍了知识的交流和共享。由于OA资源的对于终端用户的免费性，对于资金短缺的图书馆来说，有效开发、揭示和利用OA资源将为图书馆文献资源采访带来新的机遇。

3.OA版权情况清晰，再利用权益容易得到保护

由于OA资源在版权协议上，一直是持比较公益开放的策略。对其资源的再揭示、再组织就比较容易，OA资源建设可以成为图书馆资源建设的一种纸电协调策略新尝试。

4.OA资源分散，OA资源建设有一定的技术复杂度

OA出版模式是为了降低学术门槛而发展起来的。除本身质量参差不齐的因素之外，OA资源分布在各个OA出版商平台、大学图书馆资源平台、专业OA项目平台，OA图书版权和使用许可也千差万别。图书馆须结合本馆的馆

[1] 平安.图书馆OA图书资源建设与思考［J］.图书馆工作与研究，2020（S1）：65-69.

藏发展政策，利用合理的采集方式和采选指标，按照OA平台对版权和使用许可的要求，进行有目标有计划地遴选优质OA资源。除了采集，OA资源的组织揭示、本地化存储、OA资源平台建设等也是不能忽视的问题。各个OA平台对元数据提供，DOI的提供千差万别，需要在实践中不断摸索。

5.OA质量参差不齐，OA资源遴选具有一定的业务难度

一方面，正规的OA出版机构吸取了经验和教训，越来越重视OA质量和同行评议，图书出版质量有了根本保证。但另一方面，凡事不是一蹴而就，还是有一个发展的过程，目前同行评议的组织管理水平参差不齐，OA学术出版中容易出现低水平的研究内容。对于图书馆来说，还是需要按照馆藏发展政策、文献采访条例，对OA图书进行认真筛选才能入藏。而不能因为OA资源的易获得性，免费使用性，而进行全面采集。如何过滤那些低价值、无价值、负价值的开放文献资源，遴选优质OA，推荐优质OA资源内容给用户，是图书馆资源建设需要思考的一个崭新话题。

六、语义出版

简单地说，语义出版是利用通过语义Web技术、文本分析等，增强出版物语义内涵的出版实践。具体来说，语义出版通过可视化、动态检索等手段来增强出版物的语义，对相似内容的出版物进行关联，共享出版物背后的科学数据，增加丰富的出版物元数据来提高机器的可读性，进而促进出版物可发现性的一种出版模式。

语义出版模式的流行，对现有的科学交流体系来讲意义重大。传统的科学出版模式将科学研究成果使用自然语言进行表达，科研人员需要进行烦琐的文献检索访问，才能获取相关的研究情况。而语义出版要求出版物具有丰富的元数据、细粒度的及高度互联的内容片段，这可以极大地提高学术交流的效率，以及新知识的发现概率。

因此，目前越来越多的出版商在推进语义出版，支持各种细粒度的知识单元关联与计算，如施普林格自然公司（Springer Nature）推出科研图谱服务（SciGraph），将传统集中式、以文献为中心的出版平台转换为分布式、以事件

为中心和以 RDF 为基础的复合语义架构。除施普林格自然公司外，还有一大批国际学术出版商也在语义出版方面进行诸多实践，包括威立公司（Wiley）的“智慧文章”（Smart Article），爱思唯尔出版集团的“未来文章”（Article of the Future）和“临床精钥”（Clinical Key）。

七、纸电同步出版

纸电同步是图书出版的趋势，也是图书馆馆藏资源建设的趋势。图书馆如何适应出版行业的转型，如何构建纸电一体的馆藏体系，值得我们深思与探究。印本图书和电子图书的采访协调，并不是舍谁，谁取代谁的问题，而是需要根据本馆的性质、馆藏发展规划、自身经费、用户需求、出版情况等综合考虑。理想的纸电融合是电子图书也可以与印本图书一样按需采选。构建纸电一体的馆藏体系，必须要明确纸电图书的功能定位，明确电子图书与印本图书之间以什么样的关系存在于馆藏结构中，它们各自具备什么功能，实现什么目标。依据这些定位，才能在采选过程中确定哪些图书要印本图书，哪些图书要电子图书，哪些图书需要纸电共存。

但是目前看，目前国内电子图书的新书出版明显滞后于印本图书的新书出版[1]。出版商对于在推出纸质版图书的同时推出电子版图书是心有疑虑的。主要是担心如果出了电子图书就没有人买印本图书了，电子图书对印本图书的销售产生冲击。但是亚马逊中国的大数据否定了这种担心，从一定意义上来说，电子图书对印本图书的销售是一个相互促进的关系。传统印本图书仍然将是一些类型图书馆最主要的馆藏之一，纸电图书还将长期共存。随着数字阅读的发展，电子图书以其自身的优势，逐渐成为用户喜爱的馆藏资源，也许不远的将来国内大多数出版社可以实现纸电同步出版，进而可以实现图书馆同步采访。

---

[1] 张美萍. 中文图书馆藏建设的纸电融合趋势初探［J］. 大学图书馆学报，2021，39（1）：44-49.

第二节　文献资源的出版定价策略

了解文献出版定价策略、销售方式，其目的是制定适合本馆实际情况的文献采购策略，提高文献资源经费的利用效能，构建可持续发展的馆藏资源体系，更有效地满足用户需要。

一、印本图书定价策略和销售方式

（一）定价策略

成熟的出版社一般都有自己优势的出版主题范围，不会盲目出版自己不熟悉领域的图书。根据具体的选题内容，出版社要分析受众群体是谁，有多少，进而估计印刷数量和定价，考虑这本书的出版是否可以盈利。

1. 出版社定价

图书价格的高低主要由图书生产成本、图书流通成本、出版社利润和增值税共同决定。图书生产成本是指发生在著述、编审和印装等生产过程中的各种费用，包括稿费、纸张和装帧材料费、录入制作费、印刷装订费、编审管理费、废品损失费等。图书流通成本则是指发生在图书流通过程中的各种费用，包括运输费、包装费、保管费、损耗费、管理费等。

我国比较流行的图书定价的方法主要是按印张定价、按成本定价。其中，按印张定价是我国大部分出版社长期以来沿袭的传统定价方法，这种定价方法的优点是便于计算，尤其便于计划经济条件下的生产管理。[1]

此外，出版社流行的另一种定价方法是目标收益定价法。其计算公式为：单位图书商品价格 =（总成本 + 目标收益额）/ 预期销量。目标收益定价法要求对于发行量有精确的估计，这主要依赖于编辑的实际工作经验。

图书的价格构成比例大致如下：在一本图书的价格中，作者的稿费、编辑费、印刷费共占 15% ~ 25%；发行、经营、宣传等费用占 30% ~ 40%；给经

---

[1] 张青．中外图书定价比较［J］．出版参考，2009（14）：2.

销商的折扣 20% ~ 35%；利润占 10% ~ 30%[1]。

出版社给中间经销商的折扣虽然较多，但是如果图书馆直接从出版社订购图书，一般得不到这么大的折扣，这是为了保护中间经销商的利益，让中间经销商有一定的生存空间。如果图书馆直接从出版社订购图书，图书馆要随时与很多家出版社联系具体业务，每家出版社的实际操作和合作方式也会不同。考虑图书馆的采访人力成本、沟通成本等隐形费用，其订购图书的总费用，就要比从中间商采购贵很多了。

2. 进出口公司定价

外文进口图书的定价，可以由进出口公司来定。目前进出口公司根据自己从不同出版社得到的不同折扣，给图书馆用户不同的加成比率，形成了中标综合费率，进出口公司只要保证一定百分比的利润即可。图书售价 = 外汇码洋 × 中标综合费率 × 外汇牌价。

如国家图书馆 2022 年度进口西文图书分包中，施普林格自然出版社的中标综合费率为 98%，从哈佛大学出版社的中标综合费率为 104%，而比较难订购的南非等国家和地区出版社的中标综合费率为 112%，这样根据不同出版社目标的订购难易程度，合理地分配的中标综合费率，保障了进出口公司的利润，也就保证了其工作的积极性，进而保证了采购的品质和数量。

进出口公司的图书售价的具体构成如下：

①中间商的代理费：如果进出口公司与出版社没有直接的联系，要通过中间商代理，代理商要收取一定的手续费，有时可达 20%。

②运输费：进出口公司一般采用空运的方式运输所订购的图书，每本书的运输费按上一年本公司运输费的平均价格计算，约为书价的 5%。

③进口环节增值税：为书价的 9%。(2021 年后不再需要付增值税)。

④贸易关税：国家间对相关物品进行的惩罚性关税，约为书价的 5%。

⑤报关及提货费：一般委托专业的报关公司代理报关，现在收费为一票 700 元，应平均摊入每一本图书中。

⑥经营成本：约 30%，其中包括给订户的折扣、经营费和利润等项。

---

[1] 顾犇. 外文文献采访工作手册［M］. 北京：北京图书馆出版社，2004.

3. 中间书商定价

中间书商的成本计算方法不完全相同，但也经常采取一定的方法给图书馆用户让利，比如让利 2% ~ 5%，有些书商则给用户免除手续费和邮寄费。相比较而言，中间书商不如进出口公司的服务更加快捷灵活，有时候效率不高，沟通成本相对较高。但是中间书商往往也有其独特的渠道和资源，图书馆可以将其作为招标的辅助渠道手段，加以充分利用。

4. 固定价

在西方发达国家，市场经济已经十分成熟，书商大都采用定价（Fixed Price）销售的方式，也就是经销商必须按出版社的定价进行销售。过去，在图书行业运行机制不很成熟的情况下，经销商为了竞争的目的，互相压价，致使一些小的经销商难以生存。等大经销商垄断市场以后，就对出版社的书价进行干预，影响图书市场的正常运作，造成市场混乱。后来，市场行为得到了规范，出版社有定价权和价格变动权，经销商必须按出版社的定价销售。这样，中小书店都有了生存的余地，保证了图书供应链的完成。

（二）发行销售方式

图书发行销售渠道多，手段灵活。根据不同的市场运作方式，销售渠道可以分为以下几种：出版社销售、代理商销售、网上销售、零售书店销售、图书俱乐部销售等几种方式。而前三种方式是出版社常用的方式。

随着网络的发展，出版社、中间代理商、学术团体纷纷在各类网站上建立各自的网上书店，向全世界的用户销售图书、期刊。目前世界上最大的网上书店是亚马逊书店，它可供书刊品种从最初几万种增加到现在的数百万种，国内外许多书商就是通过其网站查找信息订购图书的。国内的京东图书、卓越网、当当网等各个书商在微信公众号、抖音直播平台上，纷纷开店。网上选购图书的方法多种多样，可以检索书名、作者、国际标准书号（ISBN）或者出版社、图书分类号、关键词等。用户可以从网上看到书刊的封面、内容提要、出版日期、价格等，并且赶上 6.18 活动、双十一活动等，用户可以通过商家的大量折扣活动，采购心仪的图书。

传统的网上选书活动，适合个人订书或短期性行为，并不是图书馆可以长期使用的方法。现在大型的书商已经开发了针对图书馆及个人用户的选书系统平台，充分考虑了图书馆采访业务流程，选书、订单、付款、统计功能一应俱全，本书会在第八章进行详细的介绍。

二、电子图书的定价策略和销售模式

（一）电子图书定价策略

1. 在纸书定价的基础上加上一定比例

出版社和集成商以永久使用权方式销售单本电子图书常使用这种定价方式，购买数量较大时会辅以折扣优惠，如威立公司、中图公司的易阅通等。

单本电子图书定价通常是在纸书定价的基础上加上一定比例或采用均价，再视挑选数量给予一定折扣，价格高于包库买断的均价。

2. 统一均价方式

部分出版社、集成商以永久使用权方式销售一定册数的电子图书常采用这种定价方式，购买数量较大时会根据数量、出版年代、学科给予不同程度折扣优惠，如超星本地镜像等。外文电子图书中牛津大学出版社以学科包方式销售电子图书时，以每册 50 英镑为标准定价。剑桥大学出版社在售电子图书分为三类：馆藏系列为剑桥大学图书馆馆藏经典公版书的再现版本，$80 每册；学术专著为剑桥大学出版社出版的学术专著类图书，$135 每册；讲义系列为学术专著图书中适合课外辅助课阅读和教学的图书，$210 每册。

3. 包库分级定价

以包库形式订阅一定时期访问权的情况，如超星远程、中文在线等。由于包库买断有数量基础，优惠力度大，平均价格相对单本挑选便宜。但一次性费用昂贵，极少图书馆能负担。通常图书馆于常规经费外获得的专项资金可考虑以包库买断的方式订购学校优势学科的专业类电子图书。

4. 平台费定价

在一些电子图书平台上，如剑桥大学电子图书平台有 500 美元 / 年的平台费，若当年度该学校订购或采购任何剑桥大学出版社的电子产品，包括订阅一本电子期刊或采购一本电子图书，即可免除当年度的平台费。中国有几十家单位采购了剑桥大学出版社电子图书，至今还没有单位支付过平台费。

5. 后续采购定价

剑桥大学出版社后续上新电子图书的采购，原则上按照单本挑选计算折扣方案。图书馆也可与剑桥大学出版社协商，约定在首次采购后的一段时间内，若再次产生采购行为，可享受到特殊的优惠方案。

（二）电子图书销售模式

大多数出版社和书商的电子图书的销售模式包括以下几种：

①永久访问权。

②平台使用费。

③并发用户限制。

④开通 VPN 远程访问。

⑤可以存档、打印。

（三）电子图书定制化服务

关于电子图书的定制化销售服务可以包括以下几个方面：

①电子图书的拒访报告。

②对应印本图书订购情况。

③客户定制化学科包。

④世界名校订购情况。

⑤高使用率学科。

⑥用户定期的推广活动，可以定期在电子图书数据库平台上开展，也可以在社交网络平台如微博、微信平台上进行。

第三节　文献出版信息的收集方式

一、印本资源的出版信息收集

搜集文献的出版信息，供文献遴选时使用，是采访工作的首要环节，也是非常重要的一个环节，这个环节如果做不好，会影响后续的各个环节。一般对于印本图书刊而言，有以下几种方法可以采集到。

（一）出版社目录

出版社目录是在文献出版之前最可靠的信息来源，不少代理书商目录都是在出版社提供的书目上继续完善信息。然而由于出版社目录大多数在文献出版以前提供，有时文献出版项的主要信息，例如，题名、著者、价格会在出版时有变化，因此图书馆在采购文献时经常会遇到出版信息和到货信息不一致的情况，容易产生订重现象。

（二）代理书商目录

代理书商的目录有几种来源。一是根据出版社的目录编制，二是根据网上亚马逊书店等网络渠道整理，三是根据手头的样书进行编目。然后再对书目进行整理，完善，形成代理书商的书目。代理书商提供的目录，根据图书馆的具体文献采购需求，会做定期目录、不定期目录、回溯目录、专题目录，例如，海外中国学目录、一带一路专题目录等。

（三）商业数据库平台

有许多商业公司以网络数据库形式出版新书信息。例如，《在版书目》（Books in Print）数据库，尼尔林（Nielsen）公司的 Book DataOnline 数据库，意普（YBP）公司的 GOBI3 数据库等，他们提供与其签约的出版社的最新出版信息。如果出版社的书已经绝版（out of print）或尚未出版（not yet published），其数据库也会提供相应的信息。这些数据库平台中的书目信息较为完整，显示方式清晰易懂，货源情况更新及时，因此是图书馆采访人员经常用到的书目查询平台。

（四）书评信息

书评信息一般是由专家撰写的，能较全面客观地介绍文献的内容情况。一些专业机构和网站会定期不定期地提供相关书评内容，供图书馆采访人员参考，采访人员可以较为放心地入藏那些获得好评的图书，这就大大减轻了采访的工作量。当然通过搜索引擎、亚马逊、豆瓣社区等专业网站，也能得到许多免费好用的文献出版信息。但是，并不是每本书都有书评信息，尤其是图书馆订购图书一般都是采取预订模式，这就无法利用书评信息了。

（五）线上线下书展

在线下书展上，图书馆采访工作人员可以直接看到很多现货图书，也能得到很书单资料，并且还可以跟出版社销售人员进行面对面的沟通。然而线下书展并非经常举办，不能够满足日常的采访工作，因此只能作为一种辅助办法。而且，书展上并不能够立即得知图书馆的馆藏查重情况，因此在近几年的书展、现货会中，代理书商开发了一些小工具，帮助图书馆进行馆藏比对，这样采访人员就可以放心地在书展现场进行现货采购了。2020 年开始由于新冠疫情的暴发，很多线下书展辗转为线上书展，使得大家足不出户就可以进行业务交流，成为近几年书展发展的一个新亮点，然而受限于网络，以及线上会议功能的限制，有时候其实际效果还无法与线下书展相媲美。

二、数字资源的出版信息收集

关于数字资源的出版信息，首先可以充分利用上述印本资源的出版信息进行收集。当然，还可以方便的在搜索引擎中查询有关相关出版商网站，搜集最新出版信息。另外，出版社会定期或不定期向客户推销其新出版的电子图书、电子期刊和数据库产品，包括当面拜访图书馆、邮递宣传单、电子邮件、微信抖音上，以及在书刊博览会、图书馆学会年会、国际出版论坛等各类交流平台上，发放广告宣传资料，做大会发言等。

第四节　出版社书商、国际书展和图书馆年会

在全球化进程加快、数字化浪潮澎湃的当下，国际出版市场一直是图书馆采访人员关注的热点领域。下面对世界各国的主要出版集团、出版社、出版服务商、进出口公司、国际书展和图书年会活动，做简要介绍。

一、国际主要出版集团

世界各国出版社的数量很大，美国有5000多家，英国有3000多家。除了美国以外，英语文献的出版大国就是英国、加拿大、荷兰、德国。德国和荷兰尽管不是英语国家，但是其出版业十分发达，在世界出版业中占有重要的地位，出版了许多高质量的英语学术图书。

各出版社之间的出版实力相差很大，兼并和变更也是常事。有些出版社一年仅出版十余种图书，而出版社头部企业每年出版量可达5000种以上。老牌的传统大社希望以此来继续保持传统的垄断地位；新生的中小出版社也想借此来扩大市场的份额。然而，真正具有一定声誉或国际影响力的学术出版社约400多家，这些出版社是图书馆馆配市场的重要组成部分。限于篇幅，本节只介绍图书馆馆配市场上最具有影响力的头部学术出版社和出版集团（排名不分前后）。笔者统计近五年国家图书馆西文图书的采访数据，得到国家图书馆采购量最大的100家国外出版社列表，供业界参考，详见附录4。

（一）威立出版集团

美国威立出版集团（Wiley）创建于1807年，是目前全球最大的学协会出版商。威立旗下拥有全球顶级的在线学术资源库"数字典藏"（Wiley Online Library），覆盖了生命科学、健康科学、自然科学、社会与人文科学等多个领域。威立提供科学、技术、医学和人文社科期刊与在线学习、评估与认证相结合的解决方案，帮助高校、研究机构、学术团体、企业、政府及个人提高学术和专业影响力。威立在线图书（Wiley Online Books）涵盖21 000余种学术和专业书籍、手册、词典、参考书和系列经典图书。威立在线参考工具书（Wiley Online Reference Works）拥有超过220种百科全书、辞典及多卷集手册。该公司拥有大量诺贝尔获奖得者的图书及一系列国外获奖图书与代表出版物，以及威立"数字典藏"、开放科学、作者资源等特色学术服务，全方位展示了代表国际领先水平的优秀科技、教育出版成果与学术服务前沿。威立于2011年正式成立了在中国的全资子公司：约翰威立商务服务（北京）有限公司 。从论文的写作、投稿、到出版和推广，威立致力于帮助中国作者成功发表科研成果并提升影响力。威立提供的作者服务包括：期刊选择、准备稿件、投稿和同行评审、文章接收后的出版流程、文章推广和影响力提升。

（二）施普林格 · 自然出版集团

施普林格·自然出版集团（Springer Nature）创立于1842年，是全球领先的科学、技术和医学（STM）出版机构，致力于为研究人员、教育工作者、临床医生和其他专业人士开启发现之门。它是世界上最大的科技出版社之一，是最早将印本期刊做成电子版发行的出版商，拥有超过2900种期刊和290 000本图书，且每年出版新书4000种以上。集团于2015年由麦克米伦科学与教育公司和施普林格科学与商业媒体合并而成，全球员工约1万人，遍及50多个国家，总部注册于德国柏林。集团旗下品牌，如Springer、Nature Portfolio、BMC、Macmillan Education、Palgrave Macmillan、Scientific American等。施普林格·自然出版集团拥有世界上最重要的科学、技术和医学类电子图书数据库和回溯图书档案文库之一，以及种类全面的开放获取期刊和图书。该公司在国际开放获取运动中，扮演了重要的角色。另外，施普林格·自然出版集团是首批加入中国政府“中国图书对外推广计划”的大型国际科技医学出版社，也是与国内出版社共同出资设立国内第一个跨国科学出版基金的国际出版社。施普林格·自然出版集团与中国合作伙伴共同致力于英文版学术期刊的国际化运作，已经和国内众多出版社、协会、学会、大学和研究所等合作出版了涵盖各学科领域的学术期刊。

（三）爱思唯尔出版集团

爱思唯尔出版集团（Elsevier），创办于1880年，属于里德·爱思唯尔集团（RELX）旗下，总部位于阿姆斯特丹，是一家荷兰的国际化多媒体出版集团，主要有四个业务板块：风险业务、科技和医学业务、法律业务、展览业务，在约40个国家设有办事处，拥有3万多名员工。爱思唯尔出版集团主要为科学家、研究人员、学生、医学及信息处理的专业人士，提供基于信息的分析决策工具，将公开信息、行业专业知识与先进的技术和算法结合起来，帮助客户评估、预测风险，并提升运营效率。其产品包括《柳叶刀》《四面体》和《细胞》等国际闻名的学术期刊。爱思唯尔每年在2500份期刊上出版超过430 000篇文章。出版的论文大约占全球学术论文出版总量的18%，引用占比25%。爱思唯尔数据库ScienceDirect，同行评议学术论文索引摘要数据库Scopus，涵盖工程理论到应用的Engineering Village，都是国内外科研人员经常使用的重要科研利器。

（四）泰勒－弗朗西斯出版集团

泰勒－弗朗西斯集团（Taylor & Francis Group）是世界上最大的学术出版集团之一。每年出版超过1600种期刊和4000种新书。目前已出版的专业书籍达到100 000余种。其旗下的劳德里奇（Routledge）子品牌在人文科学及社会科学领域拥有150年的出版经验，广泛涉及哲学、宗教、历史、语言学、文学、文化、艺术、经济、金融、商业管理、教育、法律、社会学、政治与国际关系、地区研究、体育与休闲等。每年出版大约2000种新书。Taylor & Francis SSH期刊数据库提供超过1000种经专家评审的高质量期刊。Taylor& Francis ST期刊数据库提供超过310种经专家评审的高质量科学与技术类期刊。

（五）圣智集团

圣智集团（CENGAGE Group）是全球领先的创新型教育、学习、研究方案提供商，为大专院校、中小学、职业学校、专业人士及图书馆客户提供产品和服务，涵盖高等教育、职业教育、语言学习和图书馆参考四大领域。圣智集团提供的产品和服务为客户达成学术卓越、职业发展、增加学生参与度、提升学习成效、随时随地提供权威信息而设计；通过在图书馆和学术市场的独特优势，提供从图书馆到课堂的完全整合型学习解决方案。圣智集团总部位于美国波士顿，在全球50多个国家或地区设有分支机构。

圣智集团旗下的盖尔公司（Gale）是全球领先的参考文献出版商，60多年来坚持出版高品质的权威参考书。目前，盖尔拥有数百个在线数据库，包含学术全文期刊、参考电子书、报纸、杂志、手稿、照片、多媒体、原始文献档案等众多资源，服务于全球200多个国家的80 000多家学术机构，为学生、学者、教师及科研人员等提供着有效的学习和研究支持。

（六）贝塔斯曼集团

贝塔斯曼集团（Bertelsmann）拥有176年历史，是世界上久负盛名的媒体和服务集团。贝塔斯曼集团在世界上50多个国家和地区开展电视（RTL集团）、图书（兰登书屋Random House）、杂志（古纳雅尔G+J）等业务。兰登书屋是全世界最大的大众图书出版集团之一，是一家在文化和商业两方面都充满创意和活力的公司，每年出版的新书有1.1万多种，包括精装书、平装书和电子书等，涉及17个国家/地区的不同语言，每年销售5亿多册图书。2013年，兰登书屋与企鹅出版集团合并成立世界最大图书出版公司，企鹅兰登书屋（Penguin Random House）拥有众多世界上著名的作家，包括政治名人、诺贝尔奖得主和畅销书作家。印刷与出版公司古纳雅尔是欧洲最大的期刊出版商。古纳雅尔在30多个国家和地区出版超过500种期刊，并提供大量网上杂志和信息服务。

（七）培生集团

培生集团（Pearson Plc）是世界著名的传媒机构，已有150多年的历史。致力于为教育工作者和各年龄层的学生提供优质的教育内容、教育信息技术、测试及测评、职业认证，以及所有与教育相关的服务，已遍布全球60多个国家。旗下拥有的教育品牌包括Longman、Prentice Hall、Scott Foresman、Addison-Wesley，以及Benjamin Cummings等。《金融时报》（Financial Times）是培生集团旗下一份国际性大报，具有较高的世界影响力，总部设于伦敦，每日发行量45万份，于英国、欧洲大陆、美国及亚洲印有当地英文版本。1980开始，朗文《新概念英语》进入中国，成为国内几代人学习英语的经典教材。

（八）威科集团

威科集团（Wolters Kluwer）始于1836年，拥有184年历史，作为全球领先的出版集团，专业信息服务公司，法律和财税业务线每年出版法律及经管类图书500余种，包含纸本和电子图书，为高校、公共图书馆及科研机构的广大师生和法律研究人员提供优质的线上线下服务资源，旗下包括 KLI、CCH 等子品牌，学科涉及民商法、宪法、经济法、国际法、刑法、劳动法、法理、知识产权、会计、财税金融等各个领域。

二、国际主要出版社

（一）牛津大学出版社

牛津大学出版社（Oxford University Press，OUP）隶属于牛津大学，始创于 1478 年，是世界最大的大学出版社，久负盛名的学术出版社之一。每年在 50 多个国家出版 4500 多种新书。学术部出版理工、医学和人文社科类学术图书，以及大量小型至大型学术工具书，其他出版物还有学术期刊、《圣经》、祈祷书、乐谱、高等教育教科书、牛津英语词典、贸易类工具书及非小说类大众图书，并利用先进技术提供学术出版品的在线访问。教育部负责出版中小学教材和成人教育图书及少儿图书。英语教学部负责出版全世界英语学生的教材。除了出版发行优质的学术图书和教材以外，牛津大学出版社还通过不断引进先进的教学法和积极发展电子出版来引领教育。

（二）剑桥大学出版社

剑桥大学出版社（Cambridge University Press，CUP）隶属于英国剑桥大学，成立于 1534 年，是世界上历史最悠久的出版社之一。如今该出版社每年有 200 多种学术期刊、2000 多种印刷版和电子版学术图书面世，是世界上最大的教育和学术出版社之一，主要出版专业书刊，还出版教科书、试题、工具书。出版领域涉及自然科学、人文社会科学及医学等各个学科。在教学法及教材编写方面剑桥在全球享有盛誉，主要包括成人英语教学资料、考试类教程及真题、幼儿和儿童类英语教程三大类别。

（三）德古意特出版社

德古意特出版社（DeGruyter）是全球最大的德语人文社科类出版社，有 270 多年的历史，总部位于德国首都柏林，其学术出版物涵盖人文社科及科技医学等全学科，特色学科包括国际关系与政治学，语言学理论、语用学，文学研究、德国文学、德国语言、语法与辞典、历史、哲学史、古典学、考古学、档案馆与博物馆、图书与出版、犹太研究、图书馆信息与文献、宗教、音乐、政治经济学社会学、数学等。每年出版 1300 余种新书，300 多种同行评审期刊，以及 50 多个专题数据库 / 参考工具书。DeGruyter 公司拥有如下出版品牌：德古意特（DeGruyter）以出版自然科学领域的高端学术著作及期刊著称；德古意特穆彤（Mouton）在国际语言文学领域独领风骚；德古意特绍尔（K.G. Saur）在出版图书馆学、传记学、书目学参考文献方面享誉全球；博客豪斯（Birkhauser）是建筑与设计领域世界拔尖出版社之一；德古意特奥登伯格（Oldenbourg）是一家专门出版工程学、经济和信息类的出版社；德古意特德国科学院（Akademie）是前民主德国最重要的学术出版社，代表为《马恩全集》。

（四）世哲出版公司

世哲出版公司（SAGE Publishing，SAGE）由萨拉·米勒·麦库恩（Sara Miller McCune）女士创立于 1965 年，每年出版 1000 余种学术期刊、900 余种学术参考类书籍和教科书，以及一系列创新的馆藏参考资源和数据库，如期刊数据库、研究方法数据库、视频数据库、商业案例集等。世哲的重点学科包括教育学、心理学、研究方法、商业管理、传播传媒、社会学、政治与国际关系、犯罪学与刑事司法、地理与环境、健康研究和科技医药等。世哲的图书涵盖人文社科与健康科学，在教育、社会学与文化研究、心理学与心理咨询及新闻传播等方面，处于行业领先地位。同时，世哲还是社会科学研究方法出版的早期领航人，也是全球最大的社会科学研究方法出版者。自 1976 年起，世哲开始出版“社会科学中的定量应用”系列丛书，即著名的“小绿皮书系列”是定量研究领域重要的教学资源和经久不衰的畅销书。目前世哲出版的研究方法类图书、教材和参考书，已经达到了 1760 多种。

（五）爱墨瑞得出版社

爱墨瑞得（Emerald）出版社成立于 1967 年，总部位于英国，由世界百强商学院 Bradford University Management Center 的 50 名学者创立，致力于推动人文社科学的发展研究，已出版近 400 种管理学与工程学领域的专家双盲评审期刊，其中包含《欧洲营销杂志》(*European Journal of Marketing*)、《管理决策》(*Management Decision*)、《全面质量管理》(*The TQM Management*)、《图书馆管理》(*Library Management*) 等知名期刊。爱墨瑞得已经出版 4000 多册图书，其中包含 1000 多卷电子系列书，其中近 400 卷电子系列书被 ISI 图书引证 (ISI Book Citation) 收录。分为《工商管理与经济学》和《社会科学》两个专集，涉及 100 多个主题领域，每年会新增 140 多册系列书。从建社以来，爱墨瑞得一直秉承理论联系实际并应用于实践的出版理念，搭起了学术界和实践人士之间的桥梁。爱墨瑞得拥有由世界 Top200 大学的 26 000 多名专家学者组成的庞大作者群和编辑团队。100% 的世界百强商学院和 58% 以上的全球 500 强企业使用爱墨瑞得资源。

(六) 卡萨里尼出版社

卡萨里尼出版社 (Casalini Libr) 是意大利著名的学术出版社，多年来致力于为图书馆、研究机构提供欧洲书籍、期刊、编目资料及电子资源，集中供应意大利、法国、葡萄牙及希腊的文献资源。并且，卡萨里尼出版社还为用户提供一整套数据库开发和技术服务，包括可以在线选择和订购的系统、书目审核计划和 MARC 目录记录等。

(七) 博睿出版社

博睿学术出版社 (Brill) 于 1683 年创立于荷兰莱顿，坐落于荷兰最古老的大学——莱顿大学之畔，是一家历史悠久、拥有广阔国际视野的学术出版社。出版领域包括人文与社会科学的所有重要学科，以及国际法和生物等。博睿每年出版近 2000 种新书及 300 多种期刊，另外还有大量的原始资源和参考资料数据库。博睿的亚洲研究、中东研究、古典研究及国际法等领域是其传统的优势领域，其经典代表作品"莱顿汉学系列"(*Sinica Leidensia*)、《伊斯兰大百科全书》(*Encyclopedia of ISlam*)、《谟涅摩叙涅古典语言文学研究》(*Mnemosyne Supplements*)、《海牙国际法演讲集》(*Collected Courses of The*

Hague Academy of International Law）等深受各领域学者认可。

（八）普林斯顿大学出版社

普林斯顿大学出版社（Princeton University Press，PUP）成立于1905年，是世界上著名的非营利学术出版机构。普林斯顿大学出版社始终坚持高学术标准、包容性及多样性的出版宗旨，致力于“促进教育及学术发展”的图书出版，以联结不同领域的作者和读者，促进和丰富全球范围内跨文化的对话与交流。出版重点在人文学科方面，以历史、考古学、艺术、文学、哲学、宗教研究等为主；在自然科学方面，着重天体物理学、物理、数学、科学史、生物学等；在社会科学方面，则以经济学、政治学、社会学等为主。普林斯顿大学出版社出版了多本具有高度影响力的书籍，其中包括阿尔伯特·爱因斯坦的《相对论的意义》（1992）及约翰·冯·诺伊曼与奥斯卡·摩根斯顿合著的《博弈论与经济行为》（1937）。共有超过50位诺贝尔奖获得者通过普林斯顿大学出版社使他们的著作面世。自2001年以来，普林斯顿大学出版社出版了15位诺贝尔经济学奖得主的著作，这些学者包括安格斯·迪顿（Angus Deaton）、让·蒂罗（Jean Tirole）、罗伯特·希勒（Robert Shiller）、拉尔斯·彼得·汉森（Lars Peter Hansen）、托马斯·萨金特（Thomas. Sargent）、埃德蒙·菲尔普斯（Edmund Phelps）等，该记录尚无其他大学或商业出版社能超越。

（九）爱辑出版社

爱辑出版社（IGI Global）始创于1988年，总部位于美国宾夕法尼亚州赫尔希，是一家领先的国际学术出版商，致力于促进发现先进研究，以增强和扩展研究界可用的知识体系。爱辑出版社致力于通过与全球研究人员和学者的密切合作，增强当前的科学知识体系，注重研究的价值和及时性，秉承着良好的道德实践、敏捷的出版流程和以客户为中心的价值观，加快研究发现的步伐。与来自麻省理工学院、哈佛大学、斯坦福大学、剑桥大学、牛津大学、清华大学、澳大利亚国立大学等领先机构的专家研究人员和专业人士密切合作，爱辑出版社在核心学科领域传播优质内容，包括商业、计算机科学、教育、工程、人文社科等，主要出版物包括170余种学术期刊和5500余种学术图书。

三、国际出版服务商

（一）科睿唯安公司

科睿唯安（Clarivate）作为全球领先的专业信息服务提供商，致力于通过为全球客户提供值得信赖的数据与分析，洞悉科技前沿，加快创新步伐。目前是一家以提供科学与学术研究信息、专利分析与监管标准、制药和生物技术情报、知识产权管理和品牌保护等服务为主的综合性公司。科睿唯安拥有众多备受信赖的世界知名品牌，如 Web of Science、Cortellis、Derwent、CompuMark、MarkMonitor。

2021 年科睿唯安收购了著名的普若凯斯特（ProQuest）公司（以下简称为“ProQuest”），该公司提供期刊、报纸、参考书、参考文献、书目、索引、地图集、绝版书籍、记录档案、博士论文和学者论文集等各种类型的信息服务，格式采用网络、光盘、微缩胶片及印刷版等。国家图书馆一直采购其 UMI 博士论文缩微平片。ProQuest 的内容和服务涉及艺术人文、社会科学、自然科学、科技工程，以及医学等领域。

ProQuest 在 2015 年收购了艾利贝斯（ExLibris）公司，除了在国内得到广泛使用的传统的 ALEPH 500 图书馆自动化系统外，其旗下的 ALMA 新一代图书馆服务平台、Primo 和 Summon 资源发现系统等成为面向未来的图书馆云服务信息基础设施得到业界的肯定和认可，其产品的创新性特点可以为传统图书馆向智慧图书馆转型发展助力。

（二）爱博斯科公司

爱博斯科公司（EBSCO）总部位于美国亚拉巴马州伯明翰市。主要产业有文献信息产品和服务，包括纸本期刊和电子期刊的代订，是世界最大的订阅代理服务商，并提供相关的增值服务、一次参考文献库和二次参考文献数据库。

2015 年爱博斯科公司宣布从 Baker&Taylor 收购 YBP 图书馆服务。YBP 被称为美国最大的图书馆服务协调供货商，美国各大学校尤其是常青藤学校都向它买纸本和电子图书。YBP 旗下的 GOBI3 选书平台，是一个重要的文献采购平台，其选书模式较为灵活，可以采用循证采购、也可以使用纲目采购，英文书种类丰富，书目信息清晰完整。

（三）英格拉姆内容集团

英格拉姆内容集团（INGRAM Content Group），成立于1970年，通过不停地重组和架构自己的业务，通过拥抱新技术快速创新商业模式和营销方法，英格拉姆快速发展，成为美国最大的图书批发商、最大的按需印刷公司、最大的独立图书经销商，直至影响世界出版业的内容集团。到2020年，英格拉姆内容集团的营收，已超过20亿美元。世界上超过90%的出版商、书商和图书馆，都与英格拉姆内容集团有业务合作。英格拉姆是许多出版机构的一级分销商。国内众多书商都与其有紧密业务往来。

（四）开科思公司

开科思（cactusglobal.com）成立于2002年，是一家与科研人员、高校、出版商、学术团体及生命科学机构合作，来推动科学进步的技术公司。开科思的产品和服务的设计初衷就是满足研究和出版的所有需求：意得辑（Editage）提供编辑、翻译和论文发表支持服务及教育和培训解决方案；Cactus Life Sciences为制药、生物技术和医疗器械机构提供内容战略、内容开发和传播的帮助；R是大型工具和服务支持的集成生态系统，旨在简化研究人员的生活；Impact Science为所有出版利益相关方提供引人入胜的视频、信息图表和研究故事及培训和战略解决方案；UNSILO为出版商提供人工智能工具和解决方案，旨在帮助其发展商业机会和优化出版流程。Cactus Labs是开科思创新和研发机构，为公司所有业务提供支持。开科思还孵化种子公司和早期创业公司，它们都拥有共同的使命，即通过科学和技术解决方案来解决问题。开科思在伦敦、普林斯顿、北京、上海、东京、首尔、奥胡斯、班加罗尔、海得拉巴和孟买均设有办事处；其3000多名专家员工来自全球各地；客户遍布超过190个国家和地区。

四、中国主要进出口公司

国家新闻出版主管部门批准的具有出版物进口许可的出版物进口单位约30余家。本文限于篇幅只介绍几家大型进出口公司，分别是中国图书进出口（集团）有限公司、中国教育图书进出口有限公司、中国国际图书贸易集团有限公司、中国科技资料进出口总公司、北京中科进出口有限责任公司、北京市图书进出口有限公司。被授权的这几家进出口公司是由国家新闻出版主管部门特别批准的从事图书、教材、期刊、数据库、电子出版物等相关制品的进出口公司。中共中央宣传部作为国家管理机关，对于文献等资源进出口进行严格资质管理，进出口公司作为受中共中央宣传部批准的专业公司，肩负着国外资源引进及审核的重要责任。政策要求国内图书馆用户订阅国外文献资源，不能直接向外商直接付款，均需通过以上有进口许可资质的进出口公司进行操作。

（一）中国图书进出口（集团）有限公司

中国图书进出口（集团）有限公司（以下简称“中图公司”），是中国出版集团公司的成员单位，与共和国同龄。其目前已成为中国出版业规模最大、实力最强的进出口企业和国际性书展服务机构，是中国书刊发行业协会进出口工作委员的主任单位。中图公司拥有国内唯一的出版物专用保税仓库，已经形成了出版物进口出口、数字资源服务、国际会展服务、按需印刷、国际出版、文化贸易、金融地产等为主的产业格局。进口范围包括印刷版图书、缩微制品、地图、档案文献的目录推广、对外采购、MARC数据加工及驻馆编目服务等，涵盖学术馆配、教材与大众零售市场。

中图公司的特色服务如下：

1. 目录报道服务

与海外数万家出版商、代理商、学协会建立了长期友好的业务往来，可为全国客户提供全品种、全学科、全流程的图书订购服务。书目学科范围广，出版社覆盖率高，特别是中小出版社、大学出版社及协会出版物的报道、多语种目录的搜集报道及特色专题信息搜集。中图公司具有专门的数据服务团队，具备行业内最专业的MARC服务能力，已为国内600家客户提供标准图书编目

MARC 服务。

2.PSOP 采选平台

中图公司 PSOP 采选平台，每月定期更新英国、法国、德国、日本、俄国等各语种新书 16 000 余种，不仅支持海量外文图书采选，还支持采购人的荐购人和荐购图书管理。一方面，读者可以通过该平台查看具体的推荐书目和推荐人数，查看荐购人是专家教授还是学生；另一方面，读者可以快速对推荐书目进行管理，查重、导出、加入预订单等。

3. 现货服务

中图公司于 2017 年在顺义建立了新的物流中心，设立了 5000 平方米的现货选购样本室，常年预备现货 10 万余种图书滚动更新，可供需方选书专家随时前来选购。中图公司拥有国内唯一的“出版物专用保税库”，实现降低成本、提高时效，极大地缩短了原版图书从境外出版机构到图书馆的供应链，提高到货速度，缩短到货时间，提升图书馆及终端用户的满意度。

4. 按需印刷服务

中图公司是国内最早开展按需印刷服务的进出口公司，为各家图书馆提供了大量的按需印刷回溯图书服务。中图公司与国外著名出版社签约进行本地按需印刷，已签约出版社有 Elsevier、Taylor、Wiley、Cambridge、Cengage Learning，Kaplan，Pearson 等，这些出版社全品种均可在中图按需印刷。与全球领先的 Ingram Lightning Source 签约，成为其在中国地区唯一按需印刷合作伙伴，目前拥有可供按需印刷的书目 50 余万种。

5. 数字资源服务

中图公司打造了国际数字资源交易平台——易阅通，海内外数字资源聚合上线逾百万种电子书、1 万余种电子期刊、500 多万篇学术论文全文、10.5 万集有声书、7 个本地大型数据库，以及 OA 资源等。“易阅通”本地化的聚合理念、国际化的专业服务得到了国内外机构用户和合作渠道的广泛认可。

（二）中国教育图书进出口有限公司

中国教育图书进出口有限公司（以下简称“教图公司”）隶属于中国教育出版传媒集团。自成立以来一直专注于外文原版图书、外文原版教材、外文原版报刊、外文原版数据库及缩微文献等产品的进出口业务，至今已有三十多年经验。

1. 目录报道服务

教图公司与全球 26 个国家及地区的 2000 多家出版机构、代理商及运输商都建立密切友好的合作关系。与全国各地的“双一流”高校图书馆和公共图书馆都有着长期友好的合作关系，可提供的外文原版文献，种类覆盖图书、期刊、数据库、教材、电子图书、工具书、微缩胶片等，以及定期不定期的会议录、丛书、年鉴、手册、指南、行业报告、二手书和特藏文献等各类型文献。

2. 出版物配送服务

在国际与国内配送方面，该公司的订购运输网络覆盖全球主要的国家和地区。国际运输采用国际书业通行的“出版社（书商）→集货商→进口商”模式，在英国、美国、德国、荷兰、新加坡等国家和地区指定了集货商，货物采用空运和海运方式，平均每月从各集货商发货 2 ~ 3 次，从而保证所订购进口图书的到货时间与到货率。国内配送能够对发送的图书，进行防湿和防破装卸要求的包装，按照新冠疫情防护要求，进行消杀和静置存放，保证图书安全运输到达客户指定地点。

3. 机构用户服务平台

图书进口事业部 2017 年正式上线了“机构用户服务平台”。该平台目前可提供各类月度目录、专题目录、现货目录和优秀图书推荐等信息，可按各类浏览最新书目，并下载目录及采访马克数据、在线输出 MARC 记录。客户可以通过批次号和订购号查找订单执行处理情况，图书到货情况查询、图书催缺、结算清单查询功能，方便用户对采购流程的管理和跟踪。

4. “爱教材”和“爱学术”平台

在数字资源方面，电子教材共享平台（爱教材）及电子图书共享平台（爱学术）资源丰富，各具特色。

“爱教材”平台于 2017 年 1 月上线运营，是为实现教育部外国教材中心 12 家成员馆国外教材资源的共建共享，在教育部外国教材中心指导下建设的具有世界一流水平的以理、工、农、医、管理等学科为主的国外教学资源保障系统。目前已引进境外优质教材 1 万余种，均为中国乃至全球独有资源，并实现了本地化存储。用户除教育部外国教材中心12家成员号外，另有60余家高校图书馆订购或试用。

“爱学术”平台于2019年3月正式上线运营，是一个全新的、汇聚世界领先出版社优质电子图书资源的集成平台，基于学术文献资源共享的理念，运用前沿的知识图谱技术，旨在为机构用户和终端用户提供丰富的学术研究参考文献，以及快捷、精细、个性化的服务。已汇聚全球100多个学术出版品牌，其中包括全球知名大学出版社、专业学术出版机构及各类特色出版商，涉及英语、德语、法语、西班牙语、葡萄牙语、阿拉伯语、意大利语、俄语等10余种语言，内容覆盖了人文社科、理、工、农、医等全部学科领域。目前已引进境外优质数字资源30万余种。

（三）中国国际图书贸易集团有限公司

中国国际图书贸易集团有限公司（简称“国图集团公司”），隶属于中国外文出版发行事业局（中国国际出版集团），成立于1949年12月，是中华人民共和国第一家图书进出口机构，也是中国最大的专业性书刊进出口公司之一。国图集团公司如今已经发展成为以书刊进出口为核心，业务范围遍及纸张经营、仓储物流、物业经营管理、电子商务、资本运营、文化传播、展览及版权交易等多领域的国有大型综合文化企业集团。国图集团公司业务网络遍及180多个国家和地区，与海外千余家发行机构、书店、出版商及数百万用户保持业务往来，书刊出口在全国一直居于主导地位。

1. 目录报道服务

国图集团公司进口中心具备全学科、多语种海外出版物的书目信息提供能力。中心下设一支由专业人士组成的编目团队，经验丰富，经常与各单位的学科馆员和采访专家进行交流。通过对各类型客户的学科特色和订购产品的长期跟踪，对相对应的国外出版物的出版规律和趋势的认真分析，为国内公共图书馆、大专院校及各科研单位提供所需的专题目录。

2. 文献订购服务

国图集团公司具备世界性的图书采购网络、全品种多类别正版图书的供货能力及客户自定且主题较窄图书采购的快速响应能力，以合理的供货价格、快捷的供货方式、较好的售前售后服务为客户提供所需进口文献。国图集团公司拥有强大的采购能力及畅通的进货渠道。国图集团公司与世界上千家出版机构、学术协会保持着长期稳定的订购关系，90%以上的图书均采用直接订购的方式，保证了进货价格的合理性。国图集团公司与Ingram、Gardners、TOHAN等图书中间商有较好的合作，采用这些渠道可订购一些通过正常贸易渠道很难采购到的外文图书。

3. 非通用语种图书供货服务

该公司对非通用语种图书供货能力较强，被国家图书馆等单位认可为非通用语种采购能力最强的公司。目前，通过海外渠道可提供德语、法语、西班牙语、意大利语、印第安语、日语、阿拉伯语、韩语等30多个语种的图书，具有亚非和欧洲小语种图书供货能力。

4. 进口图书采选平台

国图集团公司自主研发推出外文原版学术图书采选与分享平台——Readlink，助力国家科研水平的提高，更好地为公共图书馆、大专院校、科研机构等机构客户提供外文图书订购服务。Readlink平台可提供500余万种专业图书信息，采用贴合教学、科研工作的专业分类、拥有强大的检索功能。此外，大量对科研工作的有利信息都被集合进来，可提供图书专家书评、推荐、国际知名图书馆的馆藏信息。Readlink平台还可根据图书馆需求提供定制化服务。用户可在线选书、向图书馆推荐，图书馆采编人员随时筛选、查重。该平台可在线实现图书采选全流程服务，全方位记录用户下单后的各个环节，极大地丰富了专业人士的图书选购范围，使采购流程更加便捷。

（四）中国科技资料进出口总公司

中国科技资料进出口总公司是经原对外经济贸易部批准，于1987年11月在国家工商行政管理总局注册成立的国有企业。经营各种载体的科技图书、期刊、文献资料及相关的办公自动化设备的进出口业务，经营版权贸易，兼营与主营业务相关的展览展销、对外咨询、技术服务。

1. 目录报道服务

多年来，公司与海外数千家出版社、学协会、批发商、代理商建立了长期友好的业务往来关系；与国内近千家大学图书馆、科研院所图书馆、公共图书馆、国际学校、政府机构、企事业单位及专家学者建立了长期稳定的业务合作关系。公司目前使用的Collection Manager（CM）是Blackwell公司基于强大的网络平台而研发的主要用于图书馆采访人员查询目录的馆藏管理系统。拥有的Global Books In Print（BIP）是美国BOWKER公司出版的全球权威性的图书书目数据库。能够给采购方图书馆目录的需求带来强大的支持，为采访人员提供了最大程度的图书信息参考。

2. 外文书业网络平台

该网络平台上可查询到全球900万条实时更新的完整书目数据及最全面的评论与引文。该平台同时具备目录下载、在线订购等功能。公司“外文书业管理信息系统”具备的功能已完全能够满足各种类型的图书馆要求：随时为订户提供各种格式、各种类型的目录，向国外出版社报订，用户订单的跟踪与催询，采访与编目数据的导出，到货数据的提供与配书单的打印，各种数据的统计、分析，等等。

3. 三级审读服务

公司实行的三级审读制度也将为图书馆的书目提供事先筛选，包括机器审读、人工初审、人工复审等多层审读机制。在保证图书馆订单顺利执行的前提下，为图书馆有效避免引进国家新闻出版署明令禁止引进图书的风险，为图书馆正常工作的开展保驾护航。

4. 现书采选服务

公司从2005年开始，经国家新闻出版总署批准，在国内举办海外学术新书巡回展至今，服务意识高，经验丰富。公司以“为人找书、为书找人”为服务理念，以主动进货、现货供应为经营特色，将新书样本送至买方指定的场所，供买方的专家、教授及客户的采访人员现场选购。现书采选期间可当场留书，即时查重，即时加工。

（五）北京中科进出口有限责任公司

北京中科进出口有限责任公司（以下简称“北京中科”），是由中共中央宣传部特别批准的从事图书、教材、文献、期刊、数据库、电子出版物等相关制品的专业图书进出口公司，隶属于科学出版社。在外文图书和期刊订购方面，有多年与高校图书馆、科研机构、公共图书馆等单的合作经验。与世界各国及港台地区3000多家出版公司、协会、书商建立了直接贸易往来，形成了稳定而快捷的国际图书、期刊采购网络和传递渠道，经营图书品种丰富，覆盖全世界各个地区的图书和期刊品种。在国内拥有800多家长期合作的订户，分布在国内高等院校图书馆、公共图书馆、科研教育机构图书馆和医院图书馆。与中国高等教育文献保障系统（China Academic Library & Information System，CALIS）和国家科技图书文献中心（National Science and Technology Library，NSTL）合作密切，尤其是在会议录等文献订购方面，跟踪及时，订到率高，优势明显。

1. 目录报道服务

北京中科新书目获取方式除了传统的出版社和代理商渠道之外，还定期采集美国、英国、德国、法国等的亚马逊新书数据，在线编目联合目录（WorldCat）等世界各大图书馆采购或馆藏数据作为数据来源，极大丰富了书目报道数据来源。北京中科除提供标准的月度新书目报道产品外，还定期提供各种个性化目录。比如推荐重点丛书及其完整可征订目录、特色出版社专题目录、推荐获奖作者、获奖图书目录，为图书馆补藏图书和重点建设图书资源提供各种帮助。

2.GOBI 选书平台服务

该公司独家代理的GOBI平台，公司可为客户免费开通以上两种平台的使用功能，方便图书馆采选图书。目前GOBI平台上有全球客户量4万余家，有近4000家国外知名高校图书馆使用该平台查询并订购图书。除1500万印本图书信息外，更有120万余电子图书信息，方便客户选择不同载体进行采购，并进行试读了解图书更详细信息。并可通过用户的点击率，选择可购买图书，增加馆藏图书的借阅量。

3. 网络选书平台

公司独立开发的网络智慧选书平台是集书目导入、编辑、审核、发布等操作于一体的书目管理平台，书目采集和发布的效率大大提升，真正建起了出版社与图书馆之间的书目桥梁，为图书馆用户提供了多样化的目录产品。

4. 馆藏比对服务

公司可根据图书馆的学科特点及收录图书需求为贵馆进行指定学科、指定院校馆藏对比定制服务。馆藏对比的优势：拥有更全面的图书出版数据，及国内外一流高校馆藏数据；除了可对馆藏图书的学科、出版社、出版时间、用户群等多维度分析，还可以对知名丛书、作者、奖项等角度对馆藏进行深入挖掘；可根据图书出版及馆藏情况，揭示学科热点及学科发展趋势。

（六）北京市图书进出口有限公司

北京市图书进出口有限公司（以下简称“北图公司”）是经国家经贸部正式批准的专门从事书刊进出口业务的专业公司，隶属于北京发行集团。其主营业务包括：进口国外图书、教材、文献、光盘等制品；出口中外文图书、缩微平片等，经办国外图书、教材业务展览。特色的服务内容如下：

1. 目录报道服务

在订购渠道方面，该公司秉承服务为主，信誉至上的原则，与国外千余家出版社及诸多代理商建立了良好的业务合作关系。负责与国外出版社联络，搜集获取国外出版信息，制作征订目录和现货目录，并免费发往图书馆客户。负责各类图书馆、机关团体客户业务的开发，收集图书馆需求，根据客户需求为客户推荐、提供客户所需的国外出版信息，收取订单。

2. 订单执行和物流管理

根据市场开发部收集的客户询价单或订单，向国外出版社、代理商、书店询价及汇总发订，跟踪订单的整个执行过程。负责报关、取货、计价、分货、送货，为客户提供快速、准确的物流服务。

3. 外文图书大厦现采中心

地处北京市王府井商业区的外文图书大厦，以经营多语种外语类图书为特色，设在三楼的进口书店已成为在国内世界文化交流、传播的窗口，也逐渐成为图书馆进口图书现采中心。

4. 原版图书批销

作为北京市原版图书发行中盘，承担着北京发行集团下属连锁经营网点（西单图书大厦、王府井新华书店、中关村图书大厦等连锁店）的统一采购、统一配送的任务，向全国书店批发，并采购国内版图书向国外客户出口。

五、中国代理服务商

除了与国际出版集成服务商的全球统一代理，很多国际出版社也采用全球区域代理的模式，积极与本地代理商合作，推广本出版社的资源。以中国为例，同样活跃着不少中国本地代理商与国际出版社签署代理推广协议，服务于中国的客户。

（一）中国出版服务有限公司

中国出版服务有限公司（China Publishers Services Ltd.，CPS）成立于2006年，总部位于中国香港特别行政区。CPS致力于在中国推广高质量的，有特色的国际学术出版社图书。经过多年的发展，CPS已经独家代理了超过60家海外出版社。其中，不乏像美国心理学学会（American Psychological Association）、欧洲数学学会（European Mathematics Society）、德国蒂墨医学出版社（Thieme）、美国新星科学出版社（Nova Science）、美国琼斯·巴特利特学习出版社（Jones & Bartlett Learning）等国际知名的学术出版社。同时，CPS也不断在拓展业务模式。除了传统的纸质图书在大中华区的代理推广，也不断增加海外学术出版社电子资源代理权。

（二）上海贯亚文化传播有限公司

上海贯亚文化传播有限公司（China Publishers Marketing，CPM）成立于2009年，共代理1200多个国外出版社。每年新书发布超过23 000种，包括13 000余种专业图书，2000余种艺术图书，8500余种大众图书。公司主要代理的出版集团/社分别有Eurospan Distribution、Combined Academic Publishers、

IPG & MidPoint、Ingram Publisher Services International、ACC Publishing Group、Phaidon Press、ABC–Clio、Casemate、Faber & Alliance Publishers、Actar/ActarD等。按精品学科分布，CPM代理清单中特别包括了80个知名大学出版社。50个主力艺术出版社，40个特色人文社科出版社，25个科学技术特色出版社，10个经管金融分析出版社，25个医学知名学协会，20个教育类优秀出版社。

（三）信诺出版服务有限公司

信诺出版服务有限公司（Sino Publishers Services Limited，以下简称“信诺”）是一家注册地在香港的出版服务机构，成立于2010年，迄今为止，拥有来自美国、英国、德国等国家20余家出版社在中国原版图书销售的独家代理权，涵盖学术、儿童、教育教辅、大众和艺术等诸多领域。信诺公司代理多家高品质专业学术出版社，如美国Rowman&Littlefield出版社，宾夕法尼亚州立大学出版社（Penn State Unniversity Press），英国Boydell & Brewer出版社、英国布里斯托大学出版社（Bristol University Press）等，涉及历史、文学、哲学、生命科学、农业、社会学、教育、地区研究等众多学科，为国内广大研究人员提供高品质的学术研究资源。

六、国内外重要书展

国际书展是由中世纪欧洲地区的商业集市逐步发展而来的，近代国际书展起源于19世纪初叶德国莱比锡书展。经过多年的发展，国际书展从组织到运作日臻完善，它不仅是各国开展书刊贸易、版权贸易、合作出版的主要渠道，而且还是各国出版业发展状况的晴雨表，是了解国际出版市场发展动向的重要途径，还是各国文化交流的重要窗口。每年举办的有世界影响力的国际书展有很多，比如法兰克福书展、北京国际图书博览会、美国书展、伦敦书展、莱比锡国际书展、巴黎书展、香港书展、首尔国际书展、希腊萨洛尼卡书展、开罗国际书展、莫斯科国际书展等。限于篇幅，本节只介绍四家国际书展的发展概况和展会特色。

（一）法兰克福书展

法兰克福书展（Frandfurt Book Fair）是德国举办的国际性图书展览，1949 年由德国书业协会创办，每年 10 月第一个星期三至第二个星期一在法兰克福举行，为期 6 天。其展览宗旨是：允许世界上任何出版公司展出任何图书。参展者的主要活动是展示图书、洽谈版权交易、洽谈合作出版业务。依托德国发达的经济实力、出版实力，以及法兰克福地处欧洲中心的位置优势，法兰克福书展已经成为全世界规模最大的书展，每年会有 100 多个国家、7000 多家出版商和书商、30 多万个新品种参加法兰克福书展。其对于世界图书出版贸易事业具有极大的影响力，被称作出版业的“奥运会”，而且对全球下一年度图书出版产生重要的影响。

法兰克福书展在展场安排上依其功能及性质，划分了许多不同的工作区或协调中心，如电子媒体中心、德国书商中心、国际书商及图书馆中心、图书馆论坛区及新闻中心等。法兰克福书展的主要功能就是进行版权贸易，它是全球最重要的国际版权交易市场，也是中国图书出版界对外输出版权的主要媒介。据统计在书展上达成的版权交易占世界全年总量的 75% 以上，每年都会举办“国际版权经理大会”，以深入探讨版权贸易中的有关问题。

（二）北京国际图书博览会

北京国际图书博览会（Beijing International Book Fair，BIBF），于 1986 年经国务院正式批准创办，已经举办 30 多年，成功跃居世界第二大国际书展。北京国际图书博览会由国家新闻出版署、教育部、科学技术部、文化和旅游部等部委主办，中国图书进出口（集团）有限公司承办，每年 8 月底在北京举办。该博览会不仅是涵盖图书、数字、动漫等行业的大型国际出版交流盛会，更成为亚洲书业不可或缺的交流平台，也是世界上最重要的国际图书博览会之一。北京国际图书博览会的宗旨是把世界优秀图书引进中国，让中国图书走向世界，以促进国际科技文化交流，增强各国人民的相互了解和友谊，扩大中外合作出版和版权贸易，发展图书进出口贸易。

北京国际图书博览会每年吸引来自世界 90 多个国家和地区的 2000 多家海

内外展商参展，一直致力于中外出版物及数字多媒体出版物的版权交易、实物进出口贸易与阅读推广。书展期间，将举办精品出版物展、北京出版高峰会议、主宾国文化艺术展等。2022年的书展将采用线上线下联展的方式，充分利用5G、人工智能等新技术，打造全景展厅展示、专业活动、在线直播、线下展览等多元文化活动，实现多业态融合发展，用智慧赋能书展。

（三）美国书展

美国书展（Book Exposition of American，BEA）是全美最大的年度书展，是全球最重要的版权贸易盛会之一。其前身是1947年创办的美国书商协会会议与贸易展销会，1996年更名为美国书展，每年五六月间召开，地点不定，为期4天。由美国书商联合会及美国出版商联合会主办，励德展览公司承办。每年来自世界80多个国家和地区的出版界业内人士云集于此，进行业务交流与合作。

美国书展已经发展成为所有英语国家共同参与，被誉为全世界最大的英文书籍展示活动，同时也是美国最大的图书交易场所，是具有版权洽购及图书订购双重功能。该书展系以图书类别区分展区，如电脑与科技出版区、儿童读物区、电子图书区、工具书区、漫画书区、艺术及文物区等。书展期间除了书刊展示外，还安排有各种专题会议、专题展览，论文发表会、座谈会、同行聚会、文艺沙龙及颁奖典礼等活动。同时，每天举办一个主题，如书商日、独立出版日、作家日等。

（四）伦敦书展

伦敦书展（London Book Fair，LBF）于1971年由英国工业与贸易博览会公司创办，是仅次于法兰克福书展的世界第二大国际图书版权交易会，也是每年欧洲春季最重要的出版界盛会。自1971年建立以来，伦敦书展每年举办一届，一般在每年3月举办。伦敦国际书展被众多业内人士认为是版权交易的最重要的春季国际书展，与法兰克福10月书展，正好相得益彰，因此也是各国出版商进行版权洽谈的重要活动场所，在此期间约有100个国家和地区的2万多名出版界代表参加。展览以图书经销商、版权商、出版商和印刷商出版社为主，书展会组织资深人士主持专题讲座，举办多种学术交流活动，为大家提供了一个完美的贸易平台。

伦敦书展按展品特色和服务功能的不同将展台划分为以下几个区域：大众出版物、专业图书、儿童图书、国际出版商、出版技术等，此外还有国际版权中心展位、零售服务展位和附件区展位。伦敦书展规模略小于北京国际书展，展品的种类层次和参展商也有很大区别，大众流行读物、儿童读物和艺术图书较多，而专业图书和高校教材类图书则相对来说较少。

七、国内外重要图书馆年会

每年国内外各类型图书馆都会组织丰富多彩的会议，目的是进行业务和科研交流活动，提高图书馆事业发展水平，实现图书馆与上下游，以及社会各界的沟通和交流。限于篇幅，只介绍几个具有国际影响力的图书馆界年会。

（一）国际图联大会

国际图联全称为国际图书馆协会与机构联合会（International Federation of Library Associations and Institutions，IFLA），是国际图书馆界最高级别、最具权威的国际图书馆专业组织。很多国内图书馆人已经承担了国际图联各专业委员会的职位，更好地表达了中国的主张，以及中国图书馆人的实践活动。目前，国际图联拥有来自 154 个国家的 1736 名会员，其中包括 164 名协会（学会）会员、1113 名机构会员、410 名个人会员和学生会员及其他会员等。世界图书馆和信息大会（World Library and Information Congress）是国际图联举办的年度世界性大会，汇集来自全球百余个国家的数千位业界代表，广泛探讨图书馆信息领域专业问题，展示业界最新技术与设备，促进各国图书馆信息领域的交流与合作。除了有线下的会议活动外，近几年也有网络直播活动，但是需要提前注册才能参加线上活动，每年国内图书馆都会派相关代表参加。

（二）美国图书馆协会年会

美国图书馆协会（American Library Association，ALA）成立于 1876 年，是

世界上历史最悠久、规模最大的图书馆专业协会，目前有58 000多名会员及4000多名团体会员。美国图书馆协会年会是世界上规模最大的图书馆行业盛会，内容丰富多彩，各类型的图书馆人都能从中受益，所以被称为盛会。美国图书馆协会组织的展览也是世界最大型展览之一，每年都会吸引近千家世界各国的书店、出版商、中间商、代理商、IT技术公司、设备制造商等参展。该协会每年出版一定量的图书馆领域图书，学术水平很高，又特别注重图书馆实践工作，非常值得馆内图书馆人学习，其已成为了解美国图书馆发展现状与先进经验的重要途径。

（三）中国图书馆学会年会

中国图书馆学会年会，是中国国内图书馆界层次最高的年度盛会。它对图书馆学理论研究和图书馆事业发展起到了重要的推动作用。自1999年以来，每一届年会确定的主题都紧密围绕社会发展与改革方向，紧随国内外图书馆事业发展趋势。主要议程包括开闭幕活动，主题论坛、分会场等学术活动，以及图书馆专业设备展览会等。每一届年会期间，中图学会都向广大图书馆学会会员、图书馆工作者及关心图书馆建设和发展的各界人士，征集学术论文，并通过论文评审委员会，评选出一、二、三等奖（各占论文总数的10%、15%、20%）。学术论文一等奖论文也会集结成册出版，并有机会在中图学会年会的分会场做现场报告。与会人员也可以选择自己喜欢的分会场，聆听专家和获奖人员的学术报告。另外与会的图书馆员有机会从年会展览会中，直接了解国内外厂家提供的图书馆设备和技术。

（四）欧洲研究型图书馆协会年会

欧洲研究型图书馆协会（Association of European Research Libraries，LIBER），是欧洲主要的研究图书馆组织。欧洲研究型图书馆协会成立于1971年，发展至今，成员包括来自超过40个国家的420所国家、大学和其他类型图书馆。欧洲研究型图书馆协会的协会年会由于受到新冠疫情的影响，于2020年会开始，改为网上举办。虽然错过与参会人员见面的机会，但欧洲研究型图书馆协会让更多的人参会，并从众多的演讲者和演讲报告中有所获益。

第四章　如何采集和遴选文献资源

采集和遴选文献资源是图书馆采访工作中的核心内容，也是采访人员的看家本领。本章第一节将介绍文献资源的各种采集方式，包括购买、接受捐赠、交存、交换、征集、接收调拨、复制、竞拍；第二节介绍了文献资源的采购方式；第三节介绍了文献资源的购买模式。

第一节　文献资源的采集方式

一、购买

购买是图书馆入藏国内外文献的主要采选方式。图书馆按本馆《文献入藏管理办法》规定的采选原则、采选标准，用法定货币向书商购买文献。购买是补充馆藏的主要方式，它能够保证图书馆可以按计划、有针对性地构建馆藏，第五章还会进行详细介绍。

二、接受捐赠

接受国内外团体及个人捐赠的文献，是丰富馆藏的重要方式之一。接受捐赠文献应按本馆《文献入藏管理办法》或者单独制定的《文献接受捐赠管理办法》来执行。超出接受入藏范围和复本数量的文献，应谢绝捐赠。图书馆各部门应了解本馆接受捐赠的有关政策，能够接待、答复或者引导相关捐赠事宜，并指引捐赠者前往捐赠文献接受部门进行下一步的沟通。沟通赠书事项时，应向捐赠方解释《文献接受捐赠管理办法》及相关捐赠具体说明。接受捐赠时，双方应签订“捐赠协议书”，一式两份，各自保存。做好相关事项的记录备案，及物件清点拍照工作。文献一经接受，其所有权和处理权即归图书馆所有。收到捐赠文献，应进行详细登记编目、加工、上架流通。由图书馆酌情决定给予不同的荣誉证书。赠书者要求回执的，在回执上填写有关事项、致谢寄回。对有特殊意义、影响大的捐赠，报请上级批准，可以举办不同级别的捐赠仪式，邀请相应级别的领导出席。不纳入馆藏的捐赠文献，可做调拨或做废品处理，处理前须按规定上报审批，并办理相关剔除手续。最后每年按规定进行接受捐赠文献的统计工作，遇到重要的捐赠事项，应该编写相关的通讯报道和专题报道，也应写入图书馆年鉴等归档记录中。

三、交存

文献交存也叫文献缴送、文献呈缴。根据《公共图书馆法》要求，出版单位应当按照国家有关规定向国家图书馆和所在地省级公共图书馆交存正式出版物[1]。出版单位未按照国家有关规定交存正式出版物的，由出版主管部门依照有关出版管理的法律、行政法规规定给予处罚。以国家图书馆为例，国内出版机构需向国家图书馆交存其出版的图书、报刊、视听文献、数字资源、学位论文等，国家图书馆需严格按照数量、时限，督促各出版社交存文献。

四、交换

文献交换是本着“以我所有，换我所需”和“平等互利”的原则，与其他单位机构交换文献。交换工作是丰富馆藏的重要方式之一。图书馆可以与很多国家和地区的文献收藏机构，建立良好的文献交换机制，重点交换通过购买方式难以买到的文献，来充实馆藏。

---

[1] 姜晓曦，冷熠．我国数字出版物呈缴制度完善建议——基于权利人呈缴意向调研［J］．图书馆工作与研究，2016（12）：5.

另外，公共图书馆馆藏文献中属于档案、文物的，公共图书馆可以与档案馆、博物馆、纪念馆等单位相互交换重复件、复制件或者目录并联合举办展览，共同编辑出版有关史料或者进行史料研究。

五、征集

征集文献是补充馆藏的一种方式。征集的文献包括非正式出版物和难以购得的正式出版物，可以是文史资料、手稿、政府出版物、学位论文、民国文献、方志家谱资料、会议录、照片，及其他特藏文献和有价值的文献等。

六、接受调拨

接受政府有关部门调拨的文献，以丰富馆藏，或者补充本馆的缺藏。

七、复制

通过复制方式保存和补充本馆缺藏。复制的方式包括静电复制、照相复制、缩微复制、转录、数字化转换、网络下载等。对于通过其他采选方式不能获得的本馆缺藏的各类文献，可采用复制的方法代替文献原件入藏。

数字化转换方式是保存和补充本馆文献载体类型的一种重要方式。对于珍贵特藏、专藏文献、印刷版文献中濒临损毁、难以长期保存的有收藏利用价值的文献，应采用数字化转换的方式予以永久保存；对于商业数字资源缺失的、不涉及版权或已解决版权或版权比较明确的、利用率高的文献，可优先考虑进行数字化转换。

网络信息采集是网络数字资源复制下载方式之一。根据图书馆的需求，在版权情况解决的前提下，利用机器爬虫等网络抓取技术，可以对网络上重点人物、事件等不同主题的资源进行采集入藏。

八、竞拍

通过参加拍卖会竞拍文献，是图书馆补充缺藏文献的一种方式。图书馆如无法自身承担相关拍品价格时，可向上一级部门打报告说明原委，申请特殊经费进行竞拍活动。

第二节　文献资源的采购方式

图书馆文献采购有自身的行业特点和操作规程，文献采购应该根据图书馆的经费、馆藏特色、用户需求等具体因素，选择适当的采购方式和采购模式，以保证采访质量。

一、采购方式按采购性质和金额规模进行划分

图书馆文献采购通常按照采购行为的采购性质和金额规模，可分为三类：政府采购方式、馆定集中采购方式和部门分散采购方式。

（一）政府采购方式

公共采购是指公共部门为了履行公共职能而使用公共资金采购工程、货物和服务的活动。我国的公共采购覆盖政府采购、国有企业采购、学校医院等公共机构采购等各个领域。

根据中国物流与采购联合会 2022 年 4 月 7 日发布的《中国公共采购发展报告（2021）》显示，2021 年公共采购总额超 45 万亿元。其中，通过公共资源交易平台开展的工程招投标、政府采购、土地使用权和矿业权出让、国有产权交易四大领域的交易项目数共计 116.6 万个，同比增长 6.48%；交易金额共计 19.69 万亿元。

政府采购是指采购《中央单位政府集中采购目录及标准》范围内的集中采购品目和采购限额标准以上（100 万元，含 100 万元）的货物和服务的行为。

1. 政府采购分类

政府采购方式分为公开招标、邀请招标、竞争性谈判、单一来源采购、询价采购、竞争性磋商，以及经上级部门认定的其他采购方式，其中公开招标是政府采购的主要采购方式。

（1）公开招标。单次或批量采购金额一次达到200万以上（含）的货物或服务必须采取公开招标方式，其中批量采购是指在一个预算年度内需重复采购的同一品目或类别的货物或服务项目。

（2）邀请招标。符合下列情况之一的货物或服务，可采用邀请招标方式采购：具有特殊性，只能从有限范围的供应商处采购；采用公开招标方式的费用占政府采购项目总价值的比例过大的。

（3）竞争性谈判。符合下列情况之一的货物或服务，可采用竞争性谈判方式采购：招标后没有供应商投标或者没有合格标的或者重新招标未能成立的；技术复杂或者性质特殊，不能确定详细规格或者具体要求的；不能事先计算出价格总额的。

（4）单一来源采购。符合下列情况之一的货物或服务，可采用单一来源采购方式采购：只能从唯一供应商处采购的；必须保证原有采购项目一致性或者服务配套的要求，需要继续从原供应商处添购，且添购资金总额不超过原合同采购金额百分之十的。

（5）询价采购。采购的货物规格、标准统一，现货货源充足且价格变化幅度小的采购项目，可采取询价方式采购。

（6）竞争性磋商。符合下列情况之一的货物或服务，可采用竞争性磋商方式采购：政府购买服务项目；技术复杂或者性质特殊，不能确定详细规格或者具体要求的；因艺术品采购、专利、专有技术或者服务的时间、数量事先不能确定等原因不能事先计算出价格总额的；市场竞争不充分的科研项目，以及需要扶持的科技成果转化项目。

2. 政府采购的特点

与个人采购、家庭采购、企业采购等非政府采购相比，政府采购具有以下显著特点：

（1）资金来源的公共性。政府采购的资金来源为财政拨款和需要由财政偿还的公共借款，这些资金的最终来源为纳税人的税收和公共服务收费。

（2）采购主体的官方性。政府采购的主体，为依靠国家财政资金运作的国家机关、事业单位和社会团体，不包括国有企业等。

（3）采购活动的公益性。政府采购为非商业性采购，它不以营利为目标，而是通过买，为政府部门提供消费品，以及向社会提供公共利益。

（4）采购对象的广泛性。政府采购的对象既有有形产品也有无形产品，价值高低不同。国际上通行的做法是按性质，将采购对象划分为货物、工程和服务三大类。

（5）采购政策的导向性。采购时不能以个人好恶，而必须遵循国家政策的相关要求，包括最大限度地节约财政资金、优先购买本国产品、保护中小企业发展、注重环境保护和可持续性发展等。

（6）采购的公开公平性。按有关政策法规，每项采购活动都要规范运作，体现公平竞争的原则，接受全社会的公开监督。

（7）采购对经济社会影响力大。政府采购方式不同于个人采购、家庭采购和企业采购等非政府采访方式。它是指一个整体，这个整体是一个国家最大的单一消费者，其购买力巨大。据有关资料统计，通常一国的政府采购规模要占到整个国家国内生产总值（GDP）的10%以上，因此，政府采购对社会的影响力很大。政府采购规模的变化、财政结构的变化，都将对整个社会的总需求和供给、国民经济产业结构的调整等，产生举足轻重的影响。

（二）馆定集中采购方式

馆定集中采购是指除政府采购以外，一次性或批量采购预算超过馆定集中采购限额标准（50万元，含50万元）的货物和服务行为。

（三）部门分散采购方式

部门分散采购（零星采购）是指在馆定集中采购限额标准以下（50万元）的各类采购行为。实行分散采购的项目，采购单位可以自行组织实施，也可委托采购代理机构组织实施。采购单位自行组织实施采购须具备自行编制采购文件、组织采购的能力和条件，且需要有与采购项目专业性相适应的专业人员。

二、采购方式按照采购主体的规模进行划分

按照采购主体的规模进行划分，一般可分为联合采购方式和单一采购方式。

（一）联合采购方式

当今社会文献资源的数量相当庞大，甚至从一定程度来说是无限的，但是图书馆的文献购置经费是有限的，任何图书馆都无能力收集齐全，加之用户需求日益提高，只有通过图书馆群体共建共享文献资源，抱团取暖，才能解决一定程度上的用户需求问题。

联合采购是针对一些需求较为普遍的数字资源，在多方平等协商合作的基础上，以一个统一的购买行为，向书商订货，从而一定程度上降低了单馆采购的价格成本和沟通成本。例如，我国高校数字资源采购联盟（DRAA）采购的World eBook Library、Ebrary、Thieme、IOP、Safari等，就是联合采购争取到较低价格和更好服务的成功案例。

（二）单一采购方式

单一采购与联合采购恰好相反，主要是指由某个图书馆独自进行文献资源的采购工作，一般也是针对数字资源采购而言，从商务沟通到采购价格洽谈等全部环节都由个馆负责。单一采购方式可以分为直接采购方式和间接采购方式，其区别主要在于是否通过中间代理公司与文献供应商建立联系。单一采购方式虽然没有联合采购的议价优势，但是采用单一采购方式，能够体现出数字资源采购的针对性、灵活性和独立性，因此是图书馆必不可少的采购模式。

三、采购方式按照文献载体类型进行划分

（一）图书采购方式

图书馆批量集中采购图书，适宜采用公开招标、邀请招标的方式确定供

应商，就是常说的招“资格标”。关于标的物的划分，可以只招代理资格，不分标段，只需设定适当的金额预算。也可以按照采购金额、出版社、学科、年代、语种进行分标段招标。而金额数量少于一定额度的图书采购，可以采用部门分散采购的方式。进口国外出版的图书，以及香港、澳门、台湾地区的图书，须由国家指定的供应商代理，如中国图书进出口（集团）有限公司，中国教育图书进出口有限公司等，根据图书馆的采购要求和供应商的业务能力，选择适当的采购方式。

（二）数字资源采购方式

以数字资源采购为例，根据数字资源的类型及来源，可以灵活选用联盟集团采购、公开招标、单一来源谈判或竞争性谈判方式进行商务采购。采用公开招标方式时，宜以确定的数字资源为标的物，具体说明如下：

①联盟集团采购：各种形式的数字资源集团采购，包括全国性、区域性和校际联合组织等，如 CALIS、DRAA 等。单个数字资源的价格在部门分散采购限额以内时，也适用采购备案制。

②单一来源谈判采购方式。只能从唯一供应商处采购的数字资源，采用单一来源谈判方式。

③公开招标或竞争性谈判采购方式。内容相同或相近的文献数据库有多家来源时，采用公开招标或竞争性谈判方式采购。

（三）其他文献类型的采购方式

其他文献资料类型是指上述文献类型之外的视听文献、缩微文献、古籍善本文献、网络文献等其他载体形式的文献。数量少，金额小的零星采购适用部门分散采购；大批量采购时，根据具体情况灵活采用政府采购、馆定集中采购。其采购方式、购买模式、遴选方法和采访流程都可以借鉴其他各小节内容。

第三节　文献资源的购买模式

一、图书的购买模式

图书采购有以下几种具体购买模式：

1. 现货采购

现货采购是指直接到某实体图书存放地点，如书店、书市及书展现场等，选购本馆所需要文献的行为，是文献采购的重要途径之一。这种方法能获得预订方式所不易得到的图书。如有些发行量小的图书、内部发行或者特殊渠道临时引进的图书等。

现货采购的优点是能够看到实物文献，并据此进行鉴别和选择，了解其内容质量与外在品相，价格也可以进行当场沟通和磋商。由于书展上存放大量图书，如果能当场卖掉也可以大大降低之后的货物运输成本，所以现场交易的营销方式常常折扣力度惊人。现购图书的缺点是采购行为有一定的偶然性，现场会出现很多无法预料的情况发生。现货内容的种类和数量，往往并不固定，质量容易参差不齐，而且很难与馆藏进行比对查重，这就对采购效果打了折扣。因此现货采购并不能成为图书馆文献采购的主流方法，只能算是一种辅助性质的补充方法。很多图书馆每年都参加相关的书展，了解出版行情的同时，也可以完成现货采购活动。

2. 预订采购

图书馆采选人员通过阅读书商提供的各种文献出版书目信息，对征订目录进行遴选圈定，以预订的方式将本馆所选定的文献信息提交书商供货。文献预订是图书馆采购中最常见、最主要的方式。

预订采购的优点是突出了图书馆文献采购的计划性、连续性、稳定性，能够保证采访质量。这种方式也有缺点，由于预订采购高度依赖书商的书目数据，一旦出现出版信息变更、出现错误，就会容易引起后续环节的误采和漏采。因此，图书馆要搞好预订工作，就需要采访人员根据采购合同，要求书商严格把关书目制作，保持良好的沟通渠道，一旦发现误订、错订、重书、错书等问题，能够及时更新订单、更正错误，避免后续环节的麻烦。

关于图书的预订，还可以分为以下几种具体类型：

（1）常规预订。由书商提供纸质或电子书目，采访人员把书目内容对照图书馆采编业务系统数据，进行查重和预订，预订完成后，返回给书商进行配送。采访人员要定期对订单的到货情况进行跟踪检查，以便做出催订或退订处理。

（2）提类预订。提类订书是指图书馆将自己所需订购文献资源的学科类目，告知书商，由他们根据图书馆提供的类目，为其选择所订购的图书。由于这种方式很少能安排退货换货，比较适合于范围较窄的学科领域，还需要有足够的经费保证。

（3）纲目选书。纲目选书（approval plan），也称为“自动配书”，是图书馆根据自身需求，对书商所编制的主题词表（由分类、主题、非主题组成，并配有参照和注释）进行选定，依据确定的购书纲目，将符合条件的新书，直接下单供应给图书馆，图书馆验收后将不符合自己要求的图书，在约定时间内退还给书商。例如，国外著名的图书代理商 YBP 公司等，均能够对图书馆提供纲目预订采购服务。

纲目选书的优势在于提高了文献采选的效率，简化了选书流程，加快了新书到馆速度，缩短了图书与用户见面的周期，节省了一定的人力和物力。并且纲目选书有利于获取较为全面的新书出版信息，提高了文献的采全率，降低了误采率和漏订率，在构建特色馆藏时，能够发挥其优势。而纲目选书的缺点也比较明显，准确恰当的主题词表并不易制定，文献遴选的精细程度不如常规预订让人满意。图书馆经费也有限，想保障某一个学科主题下面的文献体系全面完整，是非常难做到的。

（4）长期订单。长期订单（standingorder）是保证多卷集图书和连续出版物完整入藏的一种手段。它只需办理一次手续，长期有效，而且还可享受一定的书商折扣优惠。这种方式的优点是，新书出版后很短的时间，图书馆就可以收到所需图书，减少了选定时的大部分事务性工作。但是长期订购的采购方式的劣势也很突出，由于流程不同于常规订购，可能会出现重复选书劳动、重复到书。并且订单在流程中的跟踪并不方便，与图书供货商的沟通成本较大，需要避免重购、漏购、错书退货等情况。

3. 邮寄订购

邮寄订购也称邮购或函购，它是指采选人员根据有关的书目、广告、订单等直接与外地书店的邮购部、出版社的用户服务部、有关单位的图书经销部挂钩，按照所开列的书目或范围数量要求，采用邮寄托运的方法购买所需书刊资料。邮购的对象一般都是在本地脱销或购买不到的文献，这种方式能起到补缺的作用，是一种辅助性采购方法。

邮购时要做好邮购记录，包括邮订资料的名称、金额、邮购时间、对方的详细地址、联系人、联系电话等，以备查找。未按时收到的图书，必须定期催缺，直到收到图书为止。

4. 网络采购

网络采购是指图书馆通过网络进行书目信息的浏览、预订图书、书款结算的一种新型文献采购方式。随着网上书店的数量和规模不断扩大，随着越来越多机构和个人用户对网购模式的熟悉和认可，网络采购已成为一些图书馆进行文献采购的重要方式。目前个人用户多已习惯使用亚马逊、当当网、京东图书等商业网站购买图书，但对于图书馆而言，这类商业网站只适用于购买补订少量文献，而大批量的购书则更倾向于通过专为图书馆提供服务的网站，这类网站可以提供新书推荐、MARC 数据下载、书目检索等更专业的服务。目前，EBSCO 旗下 YBP 图书馆服务公司 GOBI3 网上选书系统，中图公司的 PSOP 海外图书采选系统、教图公司的爱学术平台等，都是当下较为知名的网上图书采选平台。

网络采购的优点是，突破了采购时间和空间的限制，用户浏览预订付款省时省力，提高了图书馆的采购工作效率。另外，电子书书目全、更新快、加工成本低。众多出版社可以根据书商要求，及时上传和发布最新的书目信息，书商通过整理、分类后，将书目信息推送给图书馆采访人员。

网络采购的缺点如下：①不同书商的系统功能不同，用户体验差异大。②用户不可能逐一去各个网络采购平台去采购图书，而希望使用一个采购平台。③书商系统功能开发上很难满足不同类型图书馆的个性化独特需求，系统平台再次升级开发的成本极大，升级改进困难，这样一旦导致用户体验不佳，则很容易让图书馆脱离该网络采购平台。

二、期刊的购买模式

由于期刊是一种连续出版物，因此期刊采购一般主要采用预订模式。就是出版社、代理公司将下一年度准备发行的报刊编制成征订目录或订单，提供给图书馆进行订购，以便做到有计划地印刷出版。采访人员则根据该征订目录，按照本馆的预定采购计划，完成下一年度的期刊续订和增订工作，填写订单并办理订购手续。预订模式下，期刊采购内容主要有以下几项：

1. 续订

在征订开始时，代理公司会将前一年度的订购目录，作为下一年度的续订目录，发送给图书馆，续订目录主要包括订刊号、刊名、出版频率和价格等项目。采访人员要根据上一年度的到刊情况、期刊的出版情况、期刊的质量、期刊的价格及其涨幅，以及本馆的经费状况等因素，来决定是否继续订购。

2. 停订

如果图书馆采访人决定不再续订某种期刊时，要及时跟书商沟通联系，出版社不再安排发货。为了保证期刊的连续性和系统性，一般来说，期刊一旦订购，除非它的质量差、自然停刊或经费缩减，一般不要随意停订。像期刊这种的连续出版物订购，都忌时订时停。

3. 新订

完成期刊的续订工作后，采访人员可以根据本馆的采访计划、用户需求、经费剩余额度等情况，来确定需要增加的新刊，并将所选期刊清单发送给书商，书商编制相应的订刊目录，完成订购。

三、数字资源的购买模式

数字资源的采购模式，按照采购主体的不同，一般分为采访馆员决策采购（订阅和买断）和用户驱动采购（PDA）。后者颇得用户、图书馆和出版机构的青睐，而成为近些年来图书馆采访工作的新趋势和新变化。PDA 模式快速发展，目前也有许多新的变种，本节以电子图书的采购为例进行详细介绍。

1.采访馆员决策采购模式

采访馆员对学校学科设置和发展方向、经费情况、已有馆藏资源都比较了解，选书时可以全面、均衡考虑各方面因素，如出版社知名度、学科专业、学术性、经费平衡、纸质馆藏重复情况等。其缺点如下：①采访馆员学科背景单一，难以高质量地完成全学科书目选书；②采访馆员对于用户的具体需求不清楚，采购的内容很容易是一厢情愿，以为用户会喜欢，然而往往容易造成资源的浪费，用户并不买账。

（1）年度订阅模式。图书馆对电子图书（整库、分库或学科包）支付订阅费用，用户可以在许可协议规定的时间范围内访问相应的内容，许可协议期满后如果不再续约，就无法继续访问订购内容，图书馆仅拥有有限时间范围内的使用权。

这种购买模式的特点是以较低的价格订阅数量较大的电子图书，缺点是停止订阅后就不能再访问任何内容，数字资源没有永久使用权，不利于图书馆的馆藏建设；另外，包库订阅的数据库一般都是由集成商开发，内容来自于不同的出版社和学协会，存在内容不稳定、数量多而杂的问题，内容会随着集成商与出版社和学协会的协议变化而增减。

（2）买断模式。买断模式是指图书馆一次性付费订购，即可获得电子图书的永久访问权，将其纳入到图书馆的馆藏体系中。买断方式又分为包库买断、单本买断两种方式。一般来说，出版社的电子图书库都采用买断方式。买断方式的优点是一次付费就可以永久访问所购买的资源，不需要每年考虑续订费用，尤其适合于图书馆不定期获得的专项经费、项目基金等类型的经费购买；缺点是电子图书单本买断方式价格上较之印本图书没有明显优势，而学科包买断无论是单学科还是全学科都会存在一个无法回避的明显问题，即二八原则同样适用于电子图书的使用中，20%的图书利用率较高，40%的图书利用率相对较低，另外40%的图书几乎从未有过使用量。

①包库买断。优点：一次付费，无续费和涨幅压力；具有永久使用权，可纳入馆藏体系、对接图书馆OPAC系统，方便用户检索使用。缺点：一次性费用高，图书馆常规经费难以支撑；包库买断或单本挑选都各有弊端。

②单本挑选。单本挑选电子图书是传统印本图书采访方法在电子版本的延伸。由图书馆采访馆员根据供应商提供的书目清单进行挑选，工作量大，对采访馆员的学科背景要求极高。之后出版社将用户推荐的因素引入单本挑选中，并逐渐发展出用户驱动采购（PDA、DDA）等销售方式。单本挑选电子图书可纳入图书馆常规经费的购买范围，每年固定金额用于满足用户对电子图书的特定需求。

单本挑选的优点：与包库买断相比，单本挑选在一定程度上避免了购买大量用户不需要的图书；单本挑选的图书更贴合学校学科发展特点。其缺点：单本电子图书定价通常是在纸书定价的基础上加上一定比例或采用均价，再视挑选数量给予一定折扣，价格高于包库买断的均价；单本挑选需要采访馆员或用户的深入参与，采购流程更为复杂，工作量较大。

2. 用户驱动采购模式（PDA）

用户驱动采购也叫“用户决策采购”（Patron Driven Acquisitions，PDA），和“需求驱动采购”（Demand-Driven Acquisition，DDA）。一般认为 PDA 和 DDA 指的是同一种采购方式，都是由用户的需求行为直接触发购买决策，因此本书中统一使用 PDA 的说法。

20 世纪末，国外一些图书馆开始尝试用户驱动采购模式，以及时满足用户的当前使用需求。电子图书因其灵活性特点，更易实现 PDA 的流程和管理，因此获得了较大成功。PDA 采访模式从根本上实现了“藏为所用”，有效改变了馆藏文献利用率低的状况，因此受到了图书馆、书商和用户的欢迎。在具体实施过程中，图书馆与供应商协商需要以用户行为的量化指标作为触发机制，如在图书馆未购买前，读者可以免费阅读整本书 5 分钟，填写表单推荐图书馆购买。正式购买的电子书，可以按照章节或页码（PDF 格式）、整本下载（ACM 格式）；其余电子书读者可以免费阅读 5 分钟。如荐购，点击申请按钮，填写推荐人姓名、邮件地址、推荐原因等。图书馆批复购买后，系统可以自动发送邮件告知可以直接浏览整本书的内容。

然而这种方式也有一定的缺点，那就是图书馆对采购过程的干预力度较小，无法平衡各学科的资源配置，无法控制经费的使用过程，也无法避免个别用户随意触发购买的现象，因此 PDA 模式不应该成为综合性图书馆的主要采访模式，它只可以作为一种补充模式。

除了电子图书的PDA采购模式外，还有印本图书的PDA采购模式。2014年内蒙古图书馆推出的“彩云服务”，口号是“你读书，我买单”，就是一种印本图书的PDA采购模式，具体操作流程是图书馆与实体书店合作，用户在书店挑选到所需图书，书店工作人员核对用户身份，确定所购图书符合图书馆采购要求，书店工作人员即对图书进行现场登记，并将数据上传到图书馆业务管理系统中，用户将该书借走，由图书馆付款。用户需要在规定期限内，将所借图书归还给图书馆，这样完成了图书的采购工作。

国外图书馆和供应商在电子图书采购实践中，发展出多种类型的PDA模式，常见的PDA模式包括永久买断模式（Perpetual Access，PA）、短期借阅模式（Short-Term-Loan，STL）、从访问到拥有模式（Access-to-Own，ATO）、循证采购（Evidence-Based Acquisition，EBA）等。未来还会随着时间和需求的发展，有新的模式产生。

（1）永久买断模式（PA）。永久买断模式指购买电子图书的永久使用权，用户可永久使用这些电子图书。买断模式的缺点是采购价格较贵，由于不能确保永久买断的每一种电子图书都是用户所需的，这样就会导致部分电子图书从来没有被下载和阅览，因此造成采购资金的浪费。因此对于那些图书馆用户常用、必用的电子图书，一般可以采取这种采购模式。

（2）短期借阅模式（STL）。短期借阅模式即图书馆可向书商借阅某本电子图书，借阅1天、7天、14天、21天，书商收取相应的费用。在图书馆人看来，短期租借模式无法建立可持续发展的馆藏，图书馆并没有拥有该书；此外，这种方式也没给书商带来预期的利益。YBP的数据显示，图书馆使用短期租借模式在2013年达到一个短暂的高峰后，2014年及2015年呈逐年下滑趋势。一些书商逐渐增加了借阅的费用和限制条件，例如，减少了新书借阅的提供，可是这种模式必然导致短期借阅模式所提供的整体服务价值大打折扣，图书馆人也逐渐思考替代这种模式的方法。

（3）从访问到拥有模式（ATO）。从访问到拥有模式（Access-to-Own，ATO）是一种具有灵活性的电子图书采购模式。ATO是2016年ProQuest推出PDA的一个新变种模式，融合了STL和PA两种模式的优势，允许图书馆以分次累计付费方式，使用 STL 支出实现 PA 模式的电子书购买。具体形式为：用户通过 ATO 模式获取电子书，当支出未超过电子书定价的 100% 时，以 STL 的形式访问电子书资源；当支出超过定价的 100% 时，触发变成了 PA 形式，获得了电子图书的所有权[1]。

这种模式的优点是使图书馆能将花在电子书借阅上的经费用于永久买断，从而获得图书的所有权。相较于 STL，ATO 使图书馆能为读者提供更多重点新书的内容，从而获得更多电子图书的所有权。为图书馆和出版商解决了围绕 STL 模式产生的费用难题，将借阅模式产生的高额费用，转化为拥有电子书的所有权。

ATO 模式正式应用前，需与供应商确认触发条件、计费模式和使用权限。ProQuest 的 EbookCentral 平台目前提供电子书内容 20% 以内的复印、40% 以内的下载、5 或 10 分钟的浏览等免费发现服务，超出免费发现范围会触发计费。ATO 采取分次累计付费模式，单用户访问权限下的新书每次使用费用为定价的 55%，累计使用两次共支付定价的 110%，因大于 100% 触发了操作，获得所有权；回溯旧书每次的使用费为定价的 35%，累计使用三次共支付定价的 105%，因大于 100% 触发了操作，获得所有权。

（4）循证采购模式。在电子图书的发展过程中，图书馆和书商都意识到了订阅和买断两种方式的不足，于是在互相的交流和思考中形成了一种新的方式，即在一定合同期内通过订阅方式访问电子书库，合同期满后图书馆可在电子书库中选择一定金额的图书，图书馆对这些图书拥有永久访问权，这种模式叫循证采购（Evidence-Based Acquisition，EBA），在一定程度上弥补了两种模式的不足。[2]EBA 模式是在 PDA 模式的基础上发展起来的，是 PDA 模式的一个变种。

循证采购的具体定义如下：图书馆向书商预付款项，访问书商的电子书库一年，图书馆可以选择其中一些电子图书作为永久馆藏，但购买量不能少于事先约定的最小量。

EBA 是一种预付费的采购方式，图书馆保证在协议结束时根据用户使用

---

[1] 王群、王琼．ATO：“获取即拥有”电子书采购模式研究［J］．大学图书馆学报，2020（10）:34-40.

[2] 王春生．数字资源循证采购简论［J］．图书馆杂志，2018，37（7）：6.

数字资源情况按预付金额购买数字资源。而传统的PDA模式不需要图书馆支付预付款，项目可以因图书馆预计的经费花完而随时中止。PDA模式下，用户对电子图书的使用达到一定数量时，会自动触发图书馆对电子图书的采购。如果用户因为自身信息需求不清晰，或者不熟悉本馆PDA规则，触发了电子图书的实际购买，可能让图书馆增加不必要的费用支出。但EBA模式下，用户对电子图书的使用，不会必然触发图书馆对电子图书的采购。PDA模式让用户自主选购电子图书，极大地削弱了采访馆员的存在感，使得馆藏体系的学术性和系统性受到了挑战，也让原来支持PDA模式的图书馆更青睐于EBA模式。

以书商JSTOR的EBA模式为例，电子图书访问使用期内开放27 000本书（三年前出版的书），价值约300万美元；图书馆支付预付款后，电子图书开放给用户使用；使用期为每年7月至次年6月；预付款的25%用于支付出版社使用费，图书馆可使用预付款的75%买书，并且拥有这部分图书的永久使用权；预付款75%的购书费必须在合同期内（次年6月）使用完毕；每年5月末，JSTOR会为图书馆提供使用统计，图书馆可根据使用情况选书，若在规定时间前没有选完，JSTOR将会以统计数字为依据替图书馆选书；将根据书库中图书的出版年及预付款的金额多少给予不同程度的折扣。

第四节　文献资源的遴选方法

文献的遴选是文献采访工作中的核心内容，在浩如烟海的文献信息资源中选出少量的最有科学价值、现实价值、参考价值的文献，对采选人员来说，实在不是一件易事。经常有人说，遴选图书，看看网上书评，看看图书销量就行了，哪有这么费劲。其实这样理解图书馆的图书采选工作就有点肤浅了。图书馆采访图书跟个人买书有很大的区别。亚马逊网站上显示有货的可供个人用户购买的图书，图书馆未必是可以购入的。笔者也经常看到用户给我们科组发读者推荐单，说建议图书馆采购某某书，笔者也都认真一一回答，渠道不同，书商并不能够供货。还有，图书馆要采购的很多图书，很多书评网站，很多网上书店并没有报道，很难找到合适的书评和销量信息。书商提供给图书馆的书目，经常都是出版社预报道的新书，图书馆采访人员只能依靠很有限的遴选参量（题名、作者、价格、出版社、出版时间、摘要、学科、用户对象等），去进行图书遴选，根本无法按照书评或图书销量等遴选参量去判断。所以本节主要讨论各类型文献遴选的具体遴选参量，也不会涉及书评信息和图书销量等利用情况，而是介绍采选人员必须掌握的基本遴选参量。另外在实际操作中，还要具体问题具体分析，每种遴选参量的权重也会有不同的变化，客观来说，目前还没有哪一种智慧选书模型可以包办一切。

一、图书遴选方法

对图书外形特征和基本内容特征的判断标准，是采选图书的一般标准。判断图书外形特征一般从图书载体类型、尺寸、装帧、纸张、页数等参量进行；判断图书的基本内容特征则可以从题名、学术价值、出版价格、作者、用户对象、出版社、出版时期等参量进行。

具体的选书参量（指标、因素），归纳起来主要有以下几个方面：

（一）学科分类与主题

图书馆一般都是重点采购某一类或者某一主题的图书，学科分类和主题就是采访时重要的选书参量。

图书馆一般都有自己的重点收藏学科，特别是高校图书馆还分一级学科、二级学科等，这些重点发展的院、系、专业所需的学科图书应该是首先要满足的。因此，图书的学科对一些图书馆来说是相当重要的。各国都有自己不同的分类法。国外比较有名的是美国的国会分类法（Library of Congress Classification，LCC）、杜威十进分类法（Dewey Decimal Classification，DDC）、国际十进分类法（Universal Decimal Classification，UDC），我国有《中国图书馆分类法》《中国科学院图书分类法》《四库分类法》《中国图书分类法》《中国教育部学科分类表》等。

文献的主题对于采访工作也很重要。按照出版物内容所表述的专门名称或名词术语分类，可具体划分出一系列主题、专题范畴，每一个专门化的主题、专题范畴汇集了各种知识内容的文献。为了满足用户专题内容检索和参考研究需要，各类图书馆要按照一系列的主题表或专题表，收藏有关专业的主题或专题领域的书刊。

（二）出版物类型

出版物类型包括多方面的内容参量。

从其内容类型来看，出版物可以分为专著、丛书、字典、百科全书、手册、指南、年鉴、目录、索引、地图，也可以是标准、技术报告、政府出版物、国际组织出版物等。

从其载体形态看，有印本图书、电子图书、手写本等。

从装帧形式看，有精装、平装、活页、螺旋、折页等。国家图书馆为了长期保存一般能订购精装图书就不采购平装，并且一般不订购活页、螺旋装的图书。而高校图书馆一般是能订购平装就不采购精装图书。

（三）文献内容价值

文献的内容价值，尤其是其学术价值是采访人员最在意的选书参量。这就需要选书人员能够了解国际学术界的情况，对该学科的学术脉络有宏观把握，能够通过摘要、书目，以及篇章内容，分析其内容“含金量”。

（四）著者

从著者来说，著者在所从事领域的地位如何，是学术带头人、权威学者、还是普通研究人员的身份，基本决定了该书的学术水平。院士、终身教授、长江学者、博士生导师等头衔无疑会给该出版物加分很多。一本书的销量如何，跟著者有极大的关系。著者名声越大、地位越高，往往出版量就会高出很多。

（五）价格

价格是选书时必须考虑的因素之一。因为购书经费有限，遇到高价书刊，必须慎重。经济情报类、法律法规类、计算机科学的出版物，出版社定价相对较高，但这些学科文献的实用性、时效性都很强，文献半衰期短。如果利用率很差，就会造成实际采购资金的浪费，因此遴选时更得注意。文学类、大众消费类、教材教辅类的图书虽然定价稍微便宜，但是也要根据馆藏要求和用户需求，适量采购，不能因为便宜就大量采购充数。

（六）用户对象

一般出版社在图书的选题阶段就明确了用户对象的范围，只需要在出版后，具体描述其用户范围，图书馆就能了解用户水平。用户对象的范围一般分为少年儿童读物、大学低年级、大学高年级、研究生、相关专业领域研究者。

（七）出版社

出版社的实力是图书遴选的重要参量。出版社一般都讲究特色，形成自己的独特的出版风格，形成了一定的口碑和品牌。了解各种出版社的出版特色，对图书采选有很大的帮助。然而国内外出版社众多，遴选起来容易事倍功半。所以采访人员选书时，应该对该学科领域的出版社有充分了解，形成“核心出版社”列表、“慎选出版社”列表。这样可以有的放矢地进行采选，提高采选效率。我们可以根据图书馆的馆藏特点和出版社的出版特点，确定一些出版社为补充馆藏时重点考虑的出版社，可以把一些出版社确定为本馆的“核心出版社”。

（八）语言

这里指图书的编著语种。如果是译作，应该知道原作的语种及原名是什么。如果是多语种，如字典，应有语种对照。对于文学作品，最好是收藏原著所用语言的版本。如果追求版本的齐全，则应订购各种语言的版本。如果大多数用户只会英语，那就应尽量选择英语版本。对于国家图书馆，则应尽力收集本国文学大师（如鲁迅、巴金等）作品的所有语言译本。

（九）文化地理特征

图书的文化地理特征指其出版内容论及哪一个地理区域、国家。省市图书馆往往更加关注管辖区域图书的采集收藏。采选外文图书时，经常也以地理区域、国家为选书参量，搜集相关国家或者地区内容。

二、期刊遴选方法

图书馆在遴选期刊的时候除了要考虑本馆的性质、任务、馆藏情况、用户需求外，还应该考虑以下几个选刊参量（指标）。

（一）出版社

在订购新刊时，可根据其出版机构名声，考虑是否订购此刊，业界已经形成了一定的期刊出版格局，一些较著名的学术出版社拥有了大量的优质期刊资源，并且还在不断创建新刊以谋求发展。例如，近年来头部出版社施普林格不但成功收购了《自然》期刊，而且还在不断创建旗下新的子刊。2021年1月施普林格自然又推出了三本新期刊：《自然－老龄化》（*Nature Aging*）、《自然综述－方法导论》（*Nature Reviews Methods Primer*）、《自然－计算科学》（*Nature Computational Science*）。

（二）期刊影响因子

期刊影响因子是一个国际上通行的核心期刊评价参量。影响因子（Impact Factor，IF）是美国科学信息研究所（ISI）的期刊引证报告（Journal Citation Reports，JCR）中的一项数据。一种期刊的影响因子，指的是该刊前两年发表的论文在统计当年的被引用总次数除以该期刊在前两年内发表的论文总数。一种期刊的IF越高，也即其刊载的文献被引用率越高，一方面说明这些文献报道的研究成果影响力大；另一方面也反映该期刊的学术水平高。许多著名学术期刊会在其网站上注明期刊的IF，以表明在对应学科的影响力。当然，对于一个期刊的评价，只能说明这种期刊的参考价值越高，不能仅仅通过期刊的IF就评价该期刊的好坏。

影响因子是以年为单位进行计算的。以2021年的Journal of X为例，影响因子IF= A / B。

其中，A= 该期刊2019年至2020年所有文章在2021年中被引用的次数。对于该期刊，2019年所有论文在2015年的引用次数为100，2020年所有论文在2021年的引用次数为200。总共引用次数为300。

B=该期刊2019年至2020年所有文章数。对于该期刊，2019年发文量为80，2020年发文量为90。总共发文量为170。

那么，根据公式进行计算，该期刊的影响因子为300/170=1.76。

（三）学科发展

新刊的出版，往往预示着一些新的研究方向的建立以及新的研究成果的出现。采访人员在选择新刊时，需要了解学科的发展进展和发展趋势，这些内容可以作为选刊的参量。

（四）定价及涨幅

价格一直是文献采购的核心参量。因此，在选订新刊的时候，首先要请各家公司分别报价，并对所报价格进行比较，将其作为订购的参考因素，对于一些期刊的续订，要了解期刊的涨幅程度，对于期刊的连续涨价，或者恶意涨价，图书馆要有停刊、换刊、争取原价格、合理价格等多种谈判和沟通技巧。

（五）服务模式

现在很多出版社根据不同的图书馆需求，都有打包订购、集团订购及印本期刊和电子期刊的捆绑订购等形式，供图书馆灵活选择，这些订购方式可以使图书馆使用较少的经费获取较多的文献资源。

所谓打包订购是指订户以优惠价格订购单个出版商的所有期刊或某些学科的全部期刊；所谓集团采购就是组织有相同需求的国内订户以折扣价格统一购买国外相同品种的印刷版期刊、电子期刊或数据库，减少订户的费用支出；而印本期刊和电子期刊的捆绑订购则是订户以最经济的形式同时订购期刊的印刷版和电子版。

三、数字资源的遴选方法

在遴选数字资源时，除了要考虑上两节所罗列的出版社、价格、作者、服务模式、影响力等参量，还必须明确数字资源的采购目的、分析许可协议，确定使用许可范围，对供应商的资质、服务进行评估。此外，还需注意订阅与买断相结合、电子与纸质相协调、采访馆员决策与用户驱动采购相结合。

关于数字资源的遴选还应该注意跟数字资源衍生出来的独特参量，如下所示。

（一）易用性

易用性（ease of use）主要是访问和检索功能是否好用，当然也包括系统稳定性、网络速度、界面友好性等。数字资源对于印本资源最大的优势是其有强大的检索功能，检索体验是数字资源采购的最重要因素之一。检索方式和检索字段：基本检索（basesearch）和高级检索（advancedsearch）、题名（title）、作者（author）、关键词（keyword）、全文（full text）、国际书号（ISBN）、文档 ID 号（document ID）、美国国会图书馆主题词表（LCSH）、杜威分类法（Dewey）、馆藏信息（collection）、出版社（publisher）、主题（subject）、语种（language）、日期（date）、价格（price）、无数字版权保护（DRM free）等。

（二）试用反馈

试用反馈（feedback on database trials），一般数字资源采购时，文献集成商或者服务商会邀请图书馆进行数字资源的试用，一般试用期 3 个月、半年、甚至一年，图书馆根据用户的试用反馈情况，对采购资源的方式和价格做谈判的依据。

（三）内容的所有权

内容的所有权（ownership of content），数字资源的版权牢牢控制在书商手中。图书馆并无资源的拥有权，只有使用权。因此对于数字资源的采购，图书馆需要弄清资源的版权情况。只有版权清晰，使用许可明确的资源，才适合图书馆做资源建设。

（四）服务和技术能力

书商服务能力（service supportability）包括提供 MARC 数据，提供试用机会，组织相关培训和交流活动等。技术能力（technical supportability），包括IT系统的稳定性、安全性，IT技术的成熟度和先进性，是否有一定的兼容性，是否能升级更新，是否可与发现服务、下一代图书馆服务系统整合等。图书馆要考虑技术的可能风险和影响等。

（五）与印本馆藏资源的关系

与印本馆藏资源的关系（relationship of the resource to the print collection），数字资源的遴选时，一定要与本馆的印本馆藏资源的采访，做协调。是优先保证电子，还是优先保证印本，还是两者兼顾。都需要提前做好规划。

（六）借阅限制条款

数字资源的采购模式，牵扯到一系列的采购触发机制，例如，并发用户数量（number of simultaneous users），全文下载（full text download）、点击率、在线时长等，这些都是采购模式中的具体条款（因素），图书馆需要一一与书商谈清。

（七）访问方式

IP控制（IP control）和远程访问（remote access）是用户访问数字资源的主要通道。远程访问的设置，相关访问IP的权限设置，都是采访谈判中的重要内容。

（八）使用情况统计

使用情况统计（usage statistics），数字资源的使用统计情况一般在书商自己系统内部。图书馆需要书商定期提交书商使用报告（COUTER），或者根据SUSHI协议，自动下载本馆的使用报告。

根据以上遴选参量，图书馆可以制定自己的数字资源订购评价模式[1]，形成图书馆自己的采购方案。

---

[1] 罗祺姗，翟爽，张静．电子资源订购决策评价的若干思考——以中国科学院电子资源集团采购为例［J］．图书情报工作，2018，62（3）：6.

第五章　如何构建馆藏文献资源体系

随着馆藏文献资源类型越来越多元，文献资源内容越来越丰富，馆藏文献资源体系该如何构建如何优化，变得非常重要。简单地说，传统文献资源需要做强做精，新兴文献资源需要不断探索和尝试，特色馆藏需要重点组织和开发，馆藏文献保障机制需要重新审视和定制，资源共建共享需要积极去实践。

第一节　纸电协调发展策略

印本资源和数字资源的协调发展已经成为图书馆界的共识。脱离赖以生存的实际环境，一味追求数字资源，而抛弃印本资源，绝不可行。盲目跟风搞馆藏建设，只会昙花一现，最终只会成为无水之源，必将动摇图书馆的根基。

一、印本资源的优点

（一）符合人们阅读习惯

长期以来，人们一直与印本资源相伴，印本资源的生产和利用，已经形成了一个相当成熟的体系，人类已经习惯对印本资源的长时间阅读。只要光线自然柔和，环境安静不嘈杂，阅读体验的效果就会较好，而且不像数码产品那样伤害视力。全世界每年出版图书 370 万种，其中多数仍然是纸本图书。事实证明，虽然受到数字资源的强烈冲击，但印本资源仍有巨大的市场潜力和强大的生命力，其存在和发展是客观和必然的。

（二）保存机制成熟

印本资源的载体与信息融为一体，保存好了载体，其信息就得到了保护。长久以来，人们对其保存积累了丰富的经验，只要温度、湿度和光照等方面把握适度，印本资源也能实现长期保存。数字资源的读取设备不稳定性及数字资源长期保存的局限性，使得印本资源仍将长期肩负着保存人类文献信息的职能。

（三）内容质量过硬

现代印本出版经过上百年的洗礼，已建立了完善发达的编辑、生产、发行系统。在科学评价功能方面，各书刊出版部门都建立健全了学术评审委员会或类似机构，来保证出版文献的学术水平。印本资源的生产和传播常会受到道德审查和政治审查，对保护普通社会人群、保护社会伦理和社会道德、保持社会稳定有积极的作用，因而印本资源传播的信息知识较为权威，能够得到大多数人的接受和认同。

（四）知识产权保护机制成熟

印本资源在著作权保护和版权保护等方面，国家已经制定了较健全的法律法规，知识产权受到了法律的保护，图书馆拥有对已经入藏印本资源的所有权。图书馆在利用印本资源为读者服务时，比数字资源的利用更安全、更灵活。

（五）定价机制成熟

从国际出版市场看，取2015年到2019年的5年涨幅平均值，北美学术图书的平均出版价格涨幅为1.1%。这个跟电子期刊、数据库动不动每年5%~20%的涨幅比起来，价格相对合理。说明国际传统出版行业的图书定价机制较为成熟，这个信息对图书馆采访工作来说非常重要。从国内出版市场看，国内出版图书的价格虽每年也有一定涨幅，但是受制于出版竞争、用户环境、盗版等因素，近几年涨幅基本还在合理区间。

二、印本资源的缺点

（一）承载信息量受限

印本资源本身所能承载的信息量是较为固定的，本身所含的知识量不大。一本书再厚，一般也不会超过千页。因此它不如数字资源、多媒体文献的内容丰富多彩。

（二）不方便检索和使用

印本资源不利于人们的检索和利用。在图书馆进入数字时代后，用户抛弃印本资源，青睐数字资源，最重要的理由是用户可以很方便地使用数字资源，可以随身携带电子设备，也可以从云存储设备中及时地下载和复制。方便快捷是用户选择的核心因素，而传统文献资源受制于载体形态，其短板显而易见。

（三）保存保护也有风险

纸质文献也会自然老化、容易受潮变质、甚至酸化。如果缺乏有效的保存保护手段，容易遭受外在腐蚀，甚至虫鼠破坏等。图书馆一般是把印本资源放在恒温恒湿的房间中进行长期保存。

（四）需要占用大量空间

随着图书馆印本资源的不断积累，导致文献存储空间越来越紧张，甚至经常有一些图书馆说，馆藏很多文献已经无处存放，甚至只能剔除和销毁，还有，图书馆维护馆藏的成本也在逐年增高。

（五）出版不够环保

印本资源以优质木材为原料，既占用人类的森林资源，又因制作纸张造成的污染，破坏人类的生存环境。有数据显示，生产 1 吨文化纸要用 20 多棵树龄在 20 至 40 年的树木，需要消耗净水 100 吨、600 度电、煤 1.2 吨和化工原料 300 千克。可喜的是，近几年来，关于环保纸张、可再生纸已经进入了国内出版市场，形成了绿色出版产业，受到了国内市场和读者的青睐。

三、数字资源的优点

数字资源的出现，是现代信息技术发展到一定阶段的结果，享受现代化技术的红利，其利用的便利性，尤其得到高校图书馆和研究型图书馆的青睐。目前高校图书馆馆藏文献的比重，持续向数字资源方向倾斜，一些理工类的高校出现了三个70%，即70%的用户首先选择数字资源；数字资源能够满足70%的用户需求；馆藏利用率最多的文献资源70%是数字资源。

总结一下，数字资源的优点有：

（一）访问检索利用便利

根据《中国数字阅读白皮书》显示，便携性成为用户选择数字资源的主要原因。数字资源可以大大提高图书馆文献信息资源的访问能力，使得用户可以不用考虑它们的实际的馆藏位置，不受图书馆物理场所设施的限制，在馆内和馆外都可以方便地访问这些馆藏资源。目前数字资源的搜索方便快捷，交互性强，能从篇名、作者、出版单位、时间、分类、主题等不同检索点提供检索途径。

（二）传播复制便利

在互联网、移动技术的驱动下，数字资源以易于传播，方便交流分享，方便复制下载的特点，受到了用户的青睐。

（三）出版和加工成本低

数字资源的编辑制作、出版发行成本可以做到比印本资源更低，并且随着计算机和通信技术的发展，出版业的数字化转型，都会使其成本越来越低。而且数字资源再编辑、再加工的成本比印本资源低更多。

（四）占用空间小

数字资源存在于计算机硬盘、磁盘、网络云盘中，大大减少了对图书馆物理空间的依赖。这对于图书馆而言，可以节省大量场地空间，腾出的空间可以被用来安排其他服务或者活动。

四、数字资源的缺点

（一）图书馆买的是数字资源的使用权

图书馆对于采购的数字资源仅有使用权，没有拥有权。数据商和数字出版社才是数字资源的拥有者，可以说图书馆只是数字资源的一个大“用户”。图书馆采购的数字资源，作为馆藏也不能任意使用，其数字资源的发布利用方式，还存在使用许可协议等一系列知识产权问题和风险，需要谨慎对待。

（二）数字资源的定价权由书商主导

数字资源的价格并没有因为成本的降低而降价。早些年电子图书的价格要比印本图书便宜，近几年开始，电子图书开始不断上调价格，其定价基本与印本图书持平。而最近几年，数字资源出版商以文献的利用量多少为根据，又提高了电子图书的单价。目前电子图书的平均定价约为印本图书的 1.2 ~ 1.5 倍。那些利用量很多的电子图书，其平均定价比印本的定价高很多，基本是印本资源单价的几倍以上，这就极大增加了数字出版商的利润，而图书馆则陷入更大的被动。

（三）数字资源存储加工保存成本不小

数字资源依赖于计算机网络的软件和硬件。图书馆对数字资源的加工、整合、存储、备份等操作都需要有专业的计算机背景的人才去完成。需要经费、设备、技术的不断投入，才能保障系统的稳定运行。

（四）数字资源的使用寿命不长

数字资源的使用寿命具有脆弱性，抛开存储载体的寿命、计算机病毒破坏等，单单由于记录信息的方法、存储格式及所使用的技术的不断升级换代，计算机硬件设备、操作系统等软件飞速地更新换代，就已经值得图书馆采访人员注意，当下最流行的数字格式、使用软件、系统功能，虽然目前的计算机平台、操作系统可以支持，可能若干年后就有被升级更新或者淘汰的风险，以数字化方式存储下来的数字资源，一旦无法找到相匹配的运行环境，将失去使用价值，使数字资源的使用寿命受到了限制。尤其是网络文献对网络环境有较强的依赖性，一旦网络环境无法满足其需求，图书馆将无法利用所采访的网络文献。这与印本资源比起来有巨大的差别，这无形中大大增加了数字资源利用的风险和投入成本。

（五）数字资源的易损性

网络数字资源容易被更改和删除，图书馆长期跟踪和更新相关内容的成本很高。网络数字资源的生命周期相对于传统资源而言，是很短暂的。很多网页资源经过时间的洗礼，慢慢地就无法访问，不再能提供服务。

五、图书馆纸电协调的基本策略

在未来的一段时期内，纸电图书将长期共存，馆藏纸本资源仍有其必要性[1]。印刷型图书仍是图书馆的根基之一，已有的印刷型馆藏仍需要尽可能地善待它，现在和以后，属于纸电并重时期[2]。印本图书和电子图书的采访协调，并不是舍谁，谁取代谁的问题，而需要根据本馆的性质、馆藏发展规划、自身经费、用户需求、出版情况等综合考虑[3]。以高校图书馆为例，需要根据学校特点，理工科院校应以数字资源为主，综合性大学应该纸电并重；本科生以纸本为主，研究生以电子为主，形成纸电融合馆藏。

理想的纸电融合是电子图书也可以与印本图书一样按需采选。但目前电子图书的新书出版明显滞后于印本图书的新书出版。2021 年，中国数字阅读产业总体规模达 415.7 亿元人民币，增长率达 18.23%，人均电子阅读量为 11.58 本。数字阅读用户已养成成熟的付费习惯，2021 年 92.17% 的用户曾为数字阅读付费，付费最多的阅读形式为电子阅读，占比 60.07%。相较于有声阅读，

---

❶ 邱葵 . 数字环境下的美国高校图书馆纸本资源管理［J］. 图书馆论坛，2019，39（6）：8.

❷ 王启云 . 关于高校图书馆印刷型馆藏的思考［EB/OL］.（2021-03-13）.［2022-03-23］. http：//blog.sciencenet.cn/blog-213646-1276480.html.

❸ PING，An. The evolving role of printed publications in the digital age and relevance for their continued development［J］.Library Management，2022，43（3）：218-227.

用户对于网络文学和电子阅读付费意愿更为明显[1]。随着数字阅读的发展，电子图书以其自身的优势，慢慢成为用户喜爱的馆藏资源，也许不远的将来可以实现纸电同步出版、图书馆同步采选。

第二节 新兴资源入藏策略

图书馆要在文献资源采访上注意“节流”，但也要注意“开源”。目前国内外图书馆都面临经费节流的情况，那么如果开源，如何引入新的文献资源，就被提上了议事日程。图书馆在争取对其有利的政策支持，以及合理的经费支持以外，图书馆需要充分发挥主观能动性，以更加广阔的视野、更加长远的眼光，研究新时期下新兴文献资源入藏的可能性，图书馆可以深入挖掘对社交网络资源（微博、微信等）、网络文学作品、互联网采集资源、口述历史资源、开放获取资源、科学数据资源[2]、预印本资源[3]等新兴资源的采集、保存和整合利用的研究，不断拓展和完善多元立体的馆藏资源体系。为推进国家治理体系和治理能力现代化、支持国家战略发展、满足人民精神文化需求、促进文化传播和交流、服务全社会创新创造，提供更加专业化、系统化、精细化的文献资源保障。

关于新兴文献资源的建设案例，本节将以开放获取文献资源和社交网络文献资源进行阐述。

一、开放获取图书的馆藏建设策略

OA 图书与 OA 期刊论文、OA 会议论文、OA 课件、OA 学位论文、OA 科技报告等一起构成了 OA 资源，它也是一种崭新的网络文献资源。虽然目前

---

[1] 中国音像与数字出版协会 . 2021 年度中国数字阅读报告［EB/OL］.（2022-04-23）.［2022-04-23］. https：//www.nppa.gov.cn/nppa/contents/280/75940.shtml.

[2] 孙坦 . 开放信息环境：学术图书馆信息资源建设的重定义与再造［J］. 中国图书馆学报，2013（3）：9.

[3] 唐桂芬 . 预印本发展和研究探析［J］. 出版与印刷，2020（2）：9.

OA 图书数量约 6 万种，与 500 万 OA 期刊论文相比，两者并不在一个体量上，OA 图书的影响力目前还远远不及 OA 期刊论文。大部分 OA 图书出版项目集中在人文社科领域，目的在于将自然科学领域 OA 期刊论文出版的成功，带入到人文社科领域。OA 图书凭借着图书学术性强的自带属性，其出版模式吸收了传统印本图书的出版和 OA 期刊论文出版的优点，逐渐形成了一个新的学术生态链。OA 图书的出版数量逐年快速增加，这对学术出版和科研交流带来了新的机遇和挑战。[1] 中科院文献情报中心 2017 年在 OAinOne 平台 [2]，开始采集加工 OA 图书资源。国家图书馆 2019 年 3 月开始启动联合国资料 OA 白皮书资料建设项目，2022 年 4 月启动外文 OA 图书资源建设项目。美国国会图书馆 2020 年 3 月开始尝试入藏 OA 图书资源 [3]，目前都在谨慎探索中。由于缺乏政策的引导、经费及技术的支持，其他多数图书馆还在观望阶段。

图书馆在 OA 图书资源建设的关键问题如下。

（一）根据馆藏发展政策确立 OA 图书资源建设策略

OA 图书是一种新型的网络资源，它给传统的图书馆资源建设带来了新的机遇和挑战。OA 图书资源在资源组织和揭示环节靠近一般的电子图书，而在出版和图书馆采访环节更靠近传统的印本图书。因此在未来的入藏流程中，需要深刻理解和把握这种兼具印本资源和数字资源形态的学术 OA 资源特点。采访人员只有深入了解这种特点，才能探索出符合本馆的 OA 资源发展策略，才能不断提高图书馆文献资源采访水平，最大限度地满足用户对文献资源的实际需求。

图书馆在开展 OA 资源建设，尤其是 OA 图书资源建设时，需要根据自身图书馆的馆藏发展政策、已有的特色馆藏学科体系、用户需求，国外主要学术出版社的 OA 图书出版和销售模式，量力而行，有选择地进行 OA 资源的建设。

---

[1] 魏蕊．学术专著开放出版模式及图书馆应对策略研究［D］．北京：中国科学院大学，2015.

[2] 黄金霞，王昉，肖曼，等．从 GoOA 到 OAinONE：开放资源的发展与再利用［J］．农业图书情报，2019(1)：10.

[3] More Open eBooks：Routinizing Open Access eBook Workflows.［EB/OL］.（2020-06-10）［2020-06-10］. https：//blogs.loc.gov/thesignal/2020/03/ more-open-ebooks-routinizing-open -access-ebook-workflows/.

（二）了解 OA 图书版权和再利用权益性

目前 OA 图书出版模式灵活多样，OA 版权情况复杂多样，OA 资源平台多，相关政策并不统一。图书馆是否可以馆藏 OA 图书并提供相应的服务，这首先要取决于 OA 图书的版权问题，图书馆需要与相关 OA 组织、OA 资源平台和出版社进行良好的沟通和协商，这样才能解决图书馆在采集、组织和揭示 OA 图书的一系列具体执行层面的问题。经过图书馆的整合和加工后，OA 图书资源的再利用权益问题就浮现上来，图书馆还需谨慎操作。目前美国国会图书馆只对已有馆藏印刷版的 OA 图书进行相关电子版 OA 图书的采集和整合工作。

（三）规范学术 OA 图书采集和整合标准

目前国外主要 OA 平台上的 OA 图书都可以提供元数据服务。图书馆利用 CSV 或者 OAI-PMH 协议完成元数据的收割，通过 URL 链接下载图书的电子版，多为 PDF 格式。图书采访人员可以从再利用权，是否遵循 CC-BY、CC0 协议，以及是否可通过准接口自动获取元数据等方面，来评估 OA 图书的开放度。在图书质量方面，图书采访人员可以根据出版机构的权威性、同行评议情况、作者的权威性、图书内容质量、引文评价情况等多方面综合评估，遴选优质图书，并与馆藏印本资源进行对比，入藏优质图书资源。

参照《数字资源元数据著录规范》，OA 图书资源可以遵循 DC 格式进行编目。编目时采用基本元数据元素与针对电子图书编目的专门元数据规则相结合的方法。基本元素包括：名称、创建者、其他责任者、出版者、主题、描述、日期、类型、格式、标识符、语种、关联、时空范围、权限。在此基础上，根据扩展原则，继续遵循电子图书专门元数据规则，即除基本元素之外，还包括体现资源个性特征的个别元素，如版本、价格、书评；同时用相关字段，提供该书的开放许可条款信息。

（四）图书馆 OA 资源建设模式

按照馆藏文献资源采访的不同需求，目前图书馆采取的 OA 资源建设有以下三种模式[1]。

1. 链接模式

第一种方式是推荐主要 OA 资源平台的网页链接。在图书馆官网相关数字资源列表页面中，遴选重要的 OA 资源网站链接列表以供用户使用，这是目前多数图书馆采用的方法。例如，国家图书馆在科研参考页面上，上海图书馆在公共数据库页面中，以及一些高校图书馆都是有 OA 资源平台和项目的介绍，但是一般都没有具体图书资源的链接提供。这种建设方式省时省力，只需要维护 OA 资源建设平台列表即可，但是由于资源的组织不够深入，因此对用户的吸引力和实际帮助不大。

2. 自建模式

第二种方式是图书馆建立专门的 OA 资源建设平台，对网络上的 OA 资源进行广泛采集和再加工，形成关于 OA 资源的整合和服务，不仅是 OA 图书，还可以是 OA 期刊论文、OA 会议论文等。这样的平台需要巨大的经费支持和技术人力支持，比较适合国家提供政策和经费支持，由相关机构牵头统筹开展，并不合适单一图书馆进行。目前国内只有少数文献机会，如中国科学院文献情报中心通过 OAinONE 平台，开始了 OA 资源的整合和服务工作。[2]当然，国内除了图书馆系统之外，也不乏中图公司、教图公司、知网等相关机构进行了各自 OA 资源的整合和服务工作。

3. 遴选揭示模式

第三种方式是组织相关馆员对 OA 图书资源进行遴选，选择适合本馆的 OA 资源进行资源采集和组织，将 OA 元数据进行收割，并加工、整合到自己的 OPAC 平台中，用户在图书馆的 OPAC 页面上即可检索到 OA 图书资源。例如，美国国会图书馆已经对部分社科类 OA 图书进行了 OA 资源的采选、整合和揭示、服务。一方面提供印刷版的 OA 图书给指定用户使用；另一方面也提供对应的电子 OA 图书供网络用户使用，美国国会图书馆对 OA 数字资源进行了本地保存，保障了 OA 资源的可持续访问性。这种方式既考虑了用户对 OA

---

[1] 平安．图书馆 OA 图书资源建设与思考［J］．图书馆工作与研究，2020（S1）：65-69.

[2] 黄金霞，王昉，肖曼，等．从 GoOA 到 OAinONE：开放资源的发展与再利用［J］．农业图书情报，2019（1）：10.

资源的实际需求，也兼顾了图书馆的建设和组织能力，是可以效仿并尝试的一种新路径。

二、社交网络资源的馆藏建设策略

（一）社交网络资源

1. 社交网络

社交网络即社交网络服务，源自英文 Social Network Service（SNS）的翻译，是 Web2.0 技术兴起的产物，社交网络注重网络性、共享性和社会性，因此社交网络很容易成为人们获取信息资源的重要渠道之一，社交网络互动性强、用户积累快和覆盖面广的特点使其在帮助公众平等获得知识、交流知识上具有先天优势。

据 We Are Social 与 Hootsuite 合作发布的最新《2020 全球数字报告》显示：数字、移动和社交媒体已成为全世界人们日常生活中不可或缺的一部分。2020 年超过 45 亿人使用互联网，而社交网络用户已突破 38 亿大关，全球近 60% 的人口已经上网。使用社交网络的占上网人口的八成以上，成为近十年来名副其实的全球头号网络应用。[1] 据 2022 年 2 月 25 日发布的《第 49 次中国互联网络发展状况统计报告》显示[2]，2021 年我国网民规模达 10.32 亿，社交网络用户规模为 10.07 亿，占整体网民的 97.5%。

2. 社交网络资源的入藏价值

社交网络作为当今社会不可或缺的沟通和表达方式，对信件、日记、期刊，以及其他馆藏资源能够形成有效的补充。社交网络资源包含的记录信息不仅与个人生活息息相关，而且反映一个地区、一个国家的社会、经济、文化的发展动态，还关系到全世界文明的传承和发展。因此，保存社交网络资源对丰

---

[1] Digital 2020 Global Overview Report [EB/OL].(2020-01-30)[2022-03-05].https://wearesocial.com/sg/blog/2020/01/digital-2020-what-you-really-need-to-know.

[2] 中国互联网络信息中心（CNNIC）第 49 次《中国互联网络发展状况统计报告》(2022-2-25)[EB/OL].[2022-3-15]. http://www.cnnic.cn/gywm/xwzx/rdxw/20172017_7086/202202/W020220311487786297740.pdf.

富图书馆馆藏，对保存国家记忆和文化有其独特的历史价值。

（二）我国社交网络资源馆藏建设策略

如何把社交网络资源纳入图书馆收藏和保存的范畴，继而形成像其他互联网资源那样的一套科学合理的采集、整合和利用模式，已经成为国内图书馆界面临的一个前沿课题。

社交网络信息的采集与保存是一项庞大的系统工程，它涉及保存理念、技术风险、经济成本、法律依据、管理体制、隐私保护等诸多方面的问题，因此需要图书馆更加积极地面对新挑战，认真思考我国社交网络资源的采集与保存策略问题，保存好我国数字文化遗产，服务社会。

在采集和保存过程中，社交网络数据量巨大并且增长迅速，这么庞大的消息记录数据，为图书馆进行网络文献建设带来实际的困难，由于图书馆的馆藏建设速度与网络资源发展速度的不平衡性，很容易使得图书馆失去拥有资源的优势。美国原国会图书馆副馆长罗伯特·迪萨德（Robert Dizard）认为文献存取的技术必须要跟上引发信息爆炸的技术。同时，社交网络资源的生命周期和隐私安全保护的特点，也使得网络文献资源的保存愈来愈困难。

在整合和使用过程中，社交网络资源属于一种网络原生数字资源，其内容质量比其他互联网资源更加参差不齐，具有碎片零散性的特点，并且其中包含真实、虚假的信息，在真实的信息中又存在极具历史价值和毫无价值的信息，因此如何过滤掉虚假信息，如果提高数字资源质量，加大资源揭示力度，挖掘信息资源价值，以及图书馆允许哪些用户可以访问整合信息，如何引导用户使用整合信息，都是需要解决的问题。

社交网络资源与其他互联网网络资源的采集一样，是一项长期而艰巨的任务，如果没有法律保障，就很难把这项工作贯彻执行。因此，加快推进网络资源采集的立法工作显得格外重要。例如，2013 年 4 月英国出台《法定缴存图书馆条例（非印刷资料）》，在新法规的支持下英国国家图书馆将与苏格兰国家图书馆、威尔士国家图书馆等六所英国法定缴存图书馆一起，着手存档 480 万个英国网站上的海量信息，计划十年内储 1000 万亿字节的内容，并免费提供给公众使用，这项存档计划将囊括在英国网络上发表的所有公共推文、脸书

（Facebook）条目、电子图书、报纸的 iPad 版本及其他电子格式的出版品。

（三）美国国会图书馆社交网络资源馆藏建设实践

以美国国会图书馆为例，介绍其在社交网络资源采集和保存工作概况，并以此为契机，思考我国应该如何管理和利用这种新兴类型的互联网资源。

美国国会图书馆将著名社交网络公司推特（Twitter）的推文（tweets）称为一种重要的新型馆藏资料，与 Twitter 在 2010 年达成了一项协议，对 Twitter 现有全部公开推文进行收集，并将获得特殊的使用权以研究数据。美国国会图书馆公共关系主管盖勒·奥斯特伯格（Gayle Osterberg）认为收集 140 个字符的 Twitter 消息与国会图书馆的使命一致，通过推文收集美国人的故事，可以收集那些具有研究价值的资料。耶鲁大学法学院图书馆副馆长弗雷德·夏皮罗（Fred Shapiro）认为这是一类全新的历史资料，是普通人的历史，这些重要资料可以向研究者和后来人提供历史快照。

协助美国国会图书馆保存 Twitter 消息的是社交媒体聚合公司 Gnip，这家机构和 Twitter 达成了合作关系，美国国会图书馆已为这项计划购买了逾 13.3 万 GB 的云储存空间，并继续增加投入。由于 Twitter 平均每天产生 4 亿条推文，如 2011 年 2 月，每天发送的 Twitter 消息数量为 1.4 亿条，而 2012 年 10 月达到近 5 亿条，所以迄今为止 Twitter 用户发送的推文已经超过了 1700 亿条，因此在储存数据方面面临着巨大的挑战。

在整合推文的具体工作中，每条归档的推文含括 50 项不同的诠释数据，包括推文作者、作者粉丝、被转发次数等，但是并不包含图片和视频内容。并且出于安全考虑，推文档案一共有两份。收藏的 Twitter 消息只用于学术和研究目的，收藏的绝大多数 Twitter 消息都是公开发布的消息。所以并不威胁用户的隐私。另外，被删除或锁定的 Twitter 消息将不会被国会图书馆收集和整合，目前他们已经收到了来自世界各地研究人员的上千个查询请求，查询的主题涉及文化、政治、医疗、经济等诸多方面，具体内容包括有跟踪疫苗接种率、预测股票市场活动等。

第三节　特色馆藏资源建设策略

特色馆藏资源建设是每一个图书馆都需要做得长久事业，图书馆只有拥有特色馆藏，图书馆才有立足之地，才能在激烈的社会变革中立于不败之地。

一、特色馆藏

特色资源是图书馆针对用户需要，以某一学科、专题、人物、某一历史时期、地域特点等为对象，对文献资源进行收集、整理、存储、分析、评估，并按照一定的标准和规范进行组织、管理，形成那些只有本馆拥有而别馆不具备，或本馆收藏丰富而别馆相对贫乏的各种馆藏资源。例如，学科特色资源、民族特色资源、民国时期文献、古籍善本、地方文献、学位论文、捐赠资源、科研数据、实验报告、灰色文献、学术报告等。

以国家图书馆为例，除了大家比较耳熟能详的《四库全书》《永乐大典》《赵城金藏》《敦煌遗书》四大镇馆之宝，《海外中国学》《革命历史文献》《民国保护文献》等研究文献等独具特色资源外，目前近几年开展的特色文献资源建设项目有：

1. 国家图书馆互联网信息战略保存项目[1]

互联网资源是当今信息社会中重要的信息来源之一，由于没有任何实际载体支撑和内容把控，很容易就消失在历史的长河中。如何保存这些人类发展过程中的网络文献资源，一直也是图书馆面临的难题之一。该项目是国家图书馆联合国内重点文化保存机构，在全国范围内构建分级分布的中文网络信息资源采集与保存体系，有重点地、系统地采集和保存互联网信息资源，规范网络资源专题数据库建设，逐步实现重要网络资源的长期保存。

---

[1] 国家图书馆研究院．国家图书馆启动互联网信息战略保存项目［J］．国家图书馆学刊，2019，28（3）：1.

2. “中国记忆”项目[1]

该项目是国家图书馆坚持抢救性、代表性、前瞻性原则，以口述史料[2]与影像史料为特色，建设和推广当代重要学者、中国图书馆界重要人物、东北抗日联军等专题资源；编制功勋模范人物资源建设标准规范，建设功勋模范人物资源库；完善口述资源收集、保存、服务机制和标准规范，建立记忆资源体系，建设“中国记忆资源总库”。

3. 中国战“疫”记忆库建设项目

该项目是国家图书馆联合全国图书馆界，面向全国党政机关、企事业单位、社会团体和社会各界人士，广泛征集战“疫”过程中形成的具有收藏、研究、展示、纪念价值的代表性主题资源，有计划地开展对战“疫”亲历者和见证者的口述采访，通过专业化的组织与整合，全面记录全民战“疫”的生动故事，永续留存全民战“疫”的国家记忆。

二、特色馆藏建设意义

特色馆藏是图书馆彰显自身存在价值和体现对外影响力的重要内容，一直是图书馆有效开展馆际互借、资源共享的基础资源，也是实现图书馆之间互联互通的支撑资源。围绕精准服务的目标，图书馆需加强重点学科领域、重点专题领域文献的采购、捐赠、交换与交存，让用户获得独一无二的专属资源服务。

地方文献资源是公共图书馆特色馆藏建设的重点内容，也是图书馆地域特色、文化底蕴的重要体现，它对本地的历史文化传承起着非常重要的作用。由于地方文献记载了当地政治、经济、文化等综合内容，为研究当地人文、经济和地方发展情况提供了强有力的参考和依据，因此地方文献资源建设及其相关研究是衡量一个图书馆是否具有核心竞争力的重要条件之一。

在数字环境下，数字资源兴起过程中，一个不能忽视的问题是馆藏资源的

[1] 廖永霞，韩尉．中国记忆项目资源组织初探［J］．国家图书馆学刊，2015，24（1）：11.

[2] 田苗，韩尉，戴晓晔．口述史学科发展背景下的中国图书馆界口述文献建设概述［J］．图书情报知识，2020（5）：8.

同质化情况越来越严重，这其实对图书馆发展是非常不利的。在这种情况下只有突出特色馆藏建设，才能破解这个问题。特色馆藏越完整，用户利用量才会大大提高，图书馆才越有存在的价值。

三、实体视听文献专藏建设案例

视听文献是世界的通用语言，对全球文化的传播发展做出重要贡献。目前音像视听服务更加多元，包括音像出版集团、电视台、广播电台、互联网公司和手机 App 应用市场的现场演出，现场赛事直播，网络数字视听播放等极大地丰富了人们的生活。视听作品除了可以现场亲耳聆听现场音乐演奏、亲眼享受现场演出直播之外，主要都是通过音像制品来传播的，除了演绎者之外，主要融合了录音录像、艺术制作加工、广告推销宣传等，具有较高的艺术价值和收藏价值的音乐影视作品会流芳百世，经久不衰，并适合图书馆入藏，成为馆藏文献体系中不可或缺的重要组成部分。本节以国家图书馆视听文献建设为例进行介绍。

（一）中文视听文献的采访策略

遵循"中文求全"的馆藏采访方针，国家图书馆全面入藏中文视听文献，除了接收国内出版社交存来的正式中文视听出版物，图书馆还需要力争做到馆藏视听文献体系的完整性。

从文献内容看，国家图书馆注重入藏以下视听文献：

①有关党和国家领导人及重大历史事件，能反映国家文化、教育、科技等重大发展、重大奖项的专题片或纪录片，以影像的方式全面纪录中国历史。

②少数民族语言形式的视听资料，以全面体现我国多民族的文化特色和地方特色。

③港澳台地区出版的视听资料，特别是有关政治、经济及文化特色的资料片。

④非正式出版物中的视听资料。从载体类型看，国家图书馆注重馆藏唱片、录音带、录像带等市场停止生产的载体资源及其配套设备的长期保存和保

护；重点引进CD、DVD等主流音像制品。内容相同时，优先选择DVD等视频资源；跟踪新兴载体类型，适时引进蓝光DVD、电子视听及网络数据库等新兴载体类型资源；注重实体音像制品与网络数据库资源的协调采访和整合揭示，注重视听元数据和内容裸数据的入藏。

（二）外文视听文献的采访策略

遵循“外文求精”的馆藏采访方针，国家图书馆重点引进具有较高思想性、较高学术研究价值、艺术欣赏价值、收藏保护价值的精品国外视听文献。遴选的总原则是：全面反映国际视听文献发展历史，重点体现国际视听文献制作水平，重点呈现世界艺术、人文等发展水平，构建海外中国学、艺术、文献专题资源体系。具体内容如下：

1. 海外中国学专题

全面入藏国外出版的中文视听文献，和有关中国的国外视听文献，外国人对中国的评价、介绍、报道性音像资料。

2. 艺术专题

①依据国际权威机构对唱片的评价，全面入藏高评价级别的音乐资源。如：英国《企鹅唱片指南》、日本《唱片的艺术》、美国《绝对音响》（TAS）等。重点收藏原版碟片，以保障音乐资源的音响效果和保存利用价值。

②全面入藏历届国际音乐大奖、国际电影节的专辑和国际权威获奖作品等。如全英古典音乐大奖、格莱美音乐大奖、戛纳国际电影节、威尼斯国际电影节、柏林国际电影节、纪录片大奖等。

③重点收藏历届国际重要音乐节、音乐会、音乐庆典等活动资料，如维也纳新年音乐会、柏林新年音乐会、萨尔斯堡音乐节、英国爱丁堡音乐节等。

④全面入藏著名作曲家、演奏家、指挥家的系列作品的经典版本。

⑤重点入藏有代表性的音乐作品形式的精品，如歌剧、舞剧、音乐剧等。

⑥选择入藏有较高学术价值的音乐史、音乐知识方面的视听资料。

⑦选择入藏乐坛涌现出的有代表性的乐队、演唱者、作品等。如近年来涌现出的重要音乐家创作或演绎的音乐作品。

3. 文献专题

①重点入藏珍贵的历史文献资料，全世界发生的重大历史事件的影像记录、分析报道、评论等。

②重点入藏著名大公司制作的大型系列资料片，内容可以涵盖各个学科门类。

③重点入藏著名人物的传记片，包括历史人物、领导人、各学科领军人物的真实影像资料。

④重点入藏国际先进科学技术专题片。

⑤选择入藏世界各民族风土人情、世界奇观、风光美景的专题片。

（三）实体视听文献的馆藏建设保障

1. 事业经费保障

国内外实体视听出版行业日趋成熟，定价策略较为合理，出版量稳定。图书馆入藏实体视听文献，除了版权等政策考虑外，主要的制约因素是事业经费的投入。考虑到图书馆馆藏的连续性和完整性，应该确保每年有一定数量的精品视听文献入藏，尤其是那些能够保持馆藏特色的精品和孤品资源。图书馆思考视听文献入藏时，应该平衡视听文献的艺术收藏价值和实际使用价值。

2. 设备和空间保障

实体视听文献存放需要一定的保存环境，图书馆一般需要单独为其设立相关的库房进行长期存放。库房条件最好恒温恒湿并配备温湿度计，这样才能计算出冬夏之间的温湿度变化，如果变化太大，就需要配置加湿机或除湿机，以保持良好的环境。有些文献需要单独再加脱酸纸袋、防尘套进行封装，尽量不要接触外力压迫和摩擦。

实体视听制品播放，一般需要独立的视听外放设备。图书馆视听服务机构需要为用户提供一个舒适安静的环境欣赏视听文献。有些设备可以由用户自行操作，而有些设备只适合服务机构的馆员进行播放，这样可以有效降低或者防止实体视听馆藏制品的损耗风险。

3. 岗位和业务技术保障

视听文献的采访，要比普通文献采访要求更高，要求工作人员除了具备一定的文献采访业务能力外，还要具备较高的音乐知识和艺术鉴赏水平，了解国内外音像出版动态。对视听资料的验收登记和编目加工，也要依据现有国内外特定的音像编目规则，保证入藏文献的录入准确性和完整性。

四、中华典籍海外译本专题建设案例

（一）外文译本项目的建设意义

中国古籍外文译本是人文科学中具有特别价值的一类文献，其独特意义不仅体现在古籍自身蕴含的文化价值上，更体现在底本的翻译出版和译本的传播过程中。深度挖掘整理中国古籍译本的文献信息、海外出版信息和国际传播信息，可在宏观和微观两个层面上描绘出中国传统文化传播的路径。中国古籍外文译本作为中国文化"走出去"战略的有机组成部分，一方面保存着中华传统文化的记忆和传承，包含着中华民族最根本的精神基因，有着丰富的思想内涵和积极向上的价值观念；另一方面它将国内外的汉学家、用户、出版机构、研究机构、图书馆等文化收藏、研究和传播机构联系起来，能够让国外民众在学术层面更客观地理解中国文化精髓，这是一条推进中国文化"走出去"的优质策略，对塑造我国的正面形象，提高国际影响力和话语权有着潜移默化的作用。

从文献资源保障的角度看，当今社会知识更新周期不断加快，学术交叉和渗透日益明显，人文社科研究对文献信息的依赖程度进一步提高，由于文献资料整理和组织费时费力，需要大量的人力及资金投入及长期系统的规划和建设。并且随着信息技术的冲击，用户对文献收藏机构提出了更高的要求，文献信息资源保障在人文社会科学创新发展中的作用更加凸显。

（二）外文译本专题数据库的建设策略

与高校院系和研究机构对海外中国学研究的切入点不同，图书馆作为学术文献资源建设和服务中心，其侧重点在于对文献信息资源进行采集、组织、揭示和服务，辅助学术研究，而不是代替人文学者从事具体的研究工作。

由于中国古籍博大精深，源远流长，体系复杂，因此中国古籍外文译本也是版本繁多、语种丰富、数量庞大，对于书目元数据、对象数据的整理难度大。语种、题名（原文种）、题名（中文翻译）、古籍原作者（原文）、古籍原作者（中文）、全本翻译、节选翻译、其他责任说明（原文）（译者等）、其他责任说明（中文）（译者等）、出版年份、出版地（原文种）、出版地（中文翻译）、出版者（原文种）、出版者（中文翻译）、所属丛书题名（原文种）、所属丛书题名（中文翻译）、收藏单位、索取号、系统号、条码号、分类号、馆藏册数等信息都需要认真梳理。有责任方式的需在人名后面用中文说明诸如译、编、著、注、作序、合译、合作出版等具体的责任方式。此外还要完成相关译本提要的撰写，充分揭示经过查考的有关外文译本的背景、来源、版本、著名译者、编译情况等反映文献特征的信息，为高质量的知识组织、数据关联打好基础。

第四节　文献保障体系建设策略

一、文献保障体系的定义

根据《图书馆・情报与文献学名词》2019版词典的定义，文献保障（guarantee of required documents）是指一个国家、地区或机构供给文献资料，满足文献情报需求以支持经济建设、社会发展和科学研究的能力。文献资源保障水平标志着文献资源采访的水平，是国家、地区或机构研究管理和决策能力的组成要素之一。

文献保障体系（guarantee system of required documents）是指由管理部门、图书文献机构、文献资源等诸要素相互联系与依存的文献资源收藏利用系统。目的是实现信息资源的共建共享，提高文献的获取能力，发挥最大的社会效益和经济效益，如中国高等教育文献保障系统、国家科技图书文献中心等。

二、文献保障体系的建设意义

由于当今社会处于信息爆炸时代，文献资源的出版数量相当庞大，任何图书馆都充足的无财力和人力将文献资源收集齐全，只有通过建立网络化的图书馆共建共享机制，进行社会化分工协作，才能从根本上解决用户需求的问题。

面对复杂多变的国际政治经济关系，构建科学合理、实用高效的各层级现代化文献资源保障体系，变得更加迫切。公共图书馆、高校图书馆、科研图书馆等全国文献保障机构需协调一致，减少重复建设。20世纪90年代我国图书馆联盟起步，2000年以后区域性图书馆联盟兴起。CALIS、NSTL、中国高校人文社会科学文献中心（CASHL）等全国层面的联盟，北京地区高等教育文献保障系统（BALIS）、江苏省高等教育文献保障系统（JALIS）、福建省高校数字图书馆（FUlink）等区域性图书馆联盟，均取得了一定成效，已成为支撑和保障中国科研教育的重要文献资源基础设施。

三、图书馆文献资源保障策略

图书馆具体可以采取以下文献保障策略：

①调整、优化馆藏发展政策，着力推进馆藏资源的纸电一体化建设与管理，不断健全文献资源战略保障、保存需要的制度体系和工作机制。

②加强与各类出版机构和中间书商之间的上下游沟通交流，着力提高入藏质量，降低采购成本。

③积极探索与教育、科技等领域其他文献服务机构合作，建立健全文献联合保障机制，推动建立文献联合保障目录。联合全国各级各类图书馆，共同建设标准统一、数据共享、监管有效的图书馆知识内容体系。推进图书馆与博物馆、美术馆、文化馆、基层综合文化中心等其他各类公共文化机构共建、共享知识资源。

④继续拓展接收捐赠、交存、交换、征集、复制等文献资源采选渠道，加强对不同渠道采选入藏文献的统一管理与整合利用，充分发挥各类型馆藏资源的综合服务效能。

⑤优化馆藏库房空间布局，提高文献资源保存保护水平。进一步改善馆藏文献的存藏环境，建立各类型文献的灾备保存机制。

⑥加强数字资源、网络资源等的长期保存技术的研发与应用，包括资源规

划、资源分配、保存策略和技术应用等过程，以确保那些具有长期保存价值的数字资源，可以被永久访问利用。

四、国家数字科技文献资源长期保存项目案例

2014年NSTL启动国家数字科技文献长期保存体系（National Digital Preservation Program，NDPP）建设[1]，基于NSTL自身所承担的国家任务，NDPP将总体目标定位于长期保存我国科技创新用户所需的主要数字科技文献资源，同时积极参与国家教育、文化等社会各领域所需的其他数字资源的长期保存。

该项目为了便于保存目标文献的遴选，随后制定了保存目标文献的选择标准：选择现实价值高、学术价值高、风险高、保存可操作性强的数字科技文献资源，优先部署长期保存，并创造条件保存其他具有保存价值和消除风险作用的数字资源。其中，现实价值体现在当前及长期需求量，包括采购机构范围和实际使用量；而学术价值主要考虑文献资源在科学研究和国际发展中的长期学术价值，且保证系统性地覆盖重要资源；风险程度主要考虑资源依赖度、资源内容或使用渠道不可替代性及其风险程度；可操作性主要考虑权益安排可接受度、内容格式规范化程度、所需保存技术的可掌握程度、保存机制的可负担性、保存合作协调能力等。

---

[1] 张晓林，吴振新，付鸿鹄，等. 国家科技数字资源长期保存体系建设与发展［J］. 数字图书馆论坛，2020（7）：8.

第六章　如何完成文献招标采购

本章详细对图书馆文献招标采购和非招标采购的组织及流程进行介绍。本章部分内容参考了《中华人民共和国政府采购法》《中华人民共和国政府采购法实施条例》《政府采购非招标采访方式管理办法》《政府采购货物和服务招标投标管理办法》[1]《教育部政府采购管理暂行办法》《普通高等学校图书馆文献集中采购工作指南》《国家图书馆采购管理办法》等有关法律法规、指南、办法的内容。

第一节　文献采购管理

图书馆文献采购管理是指以合同方式，使用财政拨款及非财政拨款预算资金，实施购买文献资源的活动组织行为。

一、文献采购的管理组织

图书馆文献采购应设置专门的采购管理机构进行负责。该管理机构对政府采购和馆定集中采购员免责组织实施管理，对部门分散采购负责监督管理。协调相关职能部门（如财务、纪检、监察、审计等），确定各类文献应该采取的文献采购方式及其基本操作方法。

该管理机构应当按照行政事业单位内部控制规范要求，建立健全本单位文

---

[1] 中央政府采购网［EB/OL］. https：//www.zycg.gov.cn/.

献采购内部控制制度，在编制文献采购预算和实施计划、确定采购需求、组织采购活动、履约验收、答复询问质疑、配合投诉处理及监督检查等重点环节加强内部控制管理。

该管理机构其主要职责：

①研究制定文献采购管理办法及相关流程。

②编制审核年度常规资产购置计划。

③组织实施政府采购项目和馆定集中采购项目。

④审批各部门分散采购项目并监督实施。

⑤受理文献采购活动中的质疑及答复事项、法律咨询等。

二、文献采购的流程内容

完整的图书馆文献采购过程，应该包括以下几方面内容：

①编制预算和实施计划。

②确定采购需求。

③选择采购方式。

④资格审查。

⑤执行采购方式。

⑥签订采购合同。

⑦履行采购合同。

⑧验收加工。

⑨结算付款。

⑩履约考核。

三、采购文件的构成

图书馆文献采购方应当建立真实完整的文献采购档案，妥善保存每项采购活动的采购文件。采购文件包括：采购活动记录、采购预算、谈判文件、通知书、响应文件、推荐供应商的意见、评审报告、中标供应商确定文件协商情况记录、合同文本、验收证明、质疑答复、交涉投诉处理决定，以及其他有关文件、资料。采购文件可以用电子档案方式进行长期保存。

文献采购活动记录至少应当包括下列内容：

①采购项目类别、名称。

②采购项目预算、资金构成和合同价格。

③采购方式，采用该方式的原因及相关说明材料。

④选择参加采购活动的供应商的方式及原因。

⑤评定成交的标准及确定成交供应商的原因。

⑥终止采购活动的需写清终止原因。

四、采购需求管理

采购需求管理是指采购人组织确定采购需求和编制采购实施计划，并实施相关风险控制管理的活动。

采购需求管理应当遵循“科学合理、厉行节约、规范高效、权责清晰”的指导原则。

采购人应当将采购需求管理作为政府采购内控管理的重要内容，建立健全采购需求管理制度，加强对采购需求的形成和实现过程的内部控制和风险管理。

采购人对采购需求管理负有主体责任，按照本办法的规定开展采购需求管理各项工作，对采购需求和采购实施计划的合法性、合规性、合理性负责。主管预算单位负责指导本部门采购需求管理工作。

（一）确定采购需求

采购需求是指采购人为实现项目目标，拟采购的标的及其需要满足的技术、商务要求。

其中，技术要求是指对采购标的功能和质量要求，包括：性能、材料、结构、外观、安全，或者服务内容和标准等。

而商务要求是指取得采购标的时间、地点、财务和服务要求，包括：交付（实施）的时间（期限）和地点（范围）、付款条件（进度和方式）、包装和运输、售后服务、保险等。

采购需求应当符合法律法规、政府采购政策和国家有关规定，符合国家强制性标准，遵循预算、资产和财务等相关管理制度规定，符合采购项目特点和实际需要。

文献采购需求应当完整、明确，包括以下内容：

①采购文献需满足的质量、技术、服务等要求。

②采购文献的数量、文献供货或者实施的时间和地点。

③采购文献需满足的服务标准、期限、效率等要求。

④采购文献的验收标准。

采购人应当对出版市场、出版价格、供需情况等进行充分调查，合理地确定采购需求，既要满足本馆文献采购入藏的业务流程，又要切合实际，考虑投标方的服务能力，尽量做到每一个细节的具体化。

以国家图书馆西文图书的招标情况为例，采购需求中提到了诸如投标方需要具有良好的图书信息渠道和信息搜集能力、订单响应及时、到货率高、馆配服务能力强等方面。具体内容可以细化为，了解国家图书馆外文图书的采访方针和重点建设学科，能及时提供月度最新、全学科、多语种的新书目录；现报图书在订单发出后 3 个月内应到货，平均到货率应不低于 90%；对图书馆发出 1 年以上未到书的订单，应主动对外做好催询工作；中标书商应提供良好完善的配送服务，为到书提供发票和简洁、完整、清晰的总清单等。

（二）采购实施计划

采购实施计划是指采购人围绕实现采购需求，对合同的订立和管理所做的安排。

采购实施计划应根据法律法规、政府采购政策和国家有关规定，结合采购需求的特点确定。

采购实施计划主要包括以下内容：

（1）合同订立安排。包括采购项目预（概）算、最高限价、开展采购活动的时间安排、采购组织形式和委托代理安排、采购包划分与合同分包、供应商资格条件、采购方式、竞争范围和评审规则等。

（2）合同管理安排。包括合同类型、定价方式、合同文本的主要条款、履约验收方案、风险管控措施等。采购实施计划具体内容，包括采购项目的类别、名称、采购标的、采购预算、采购数量、组织形式、采购方式、落实政府采购政策有关内容等。

（三）风险控制

采购人应当建立审查工作机制，在采购活动开始前，针对采购需求管理中的重点风险事项，对采购需求和采购实施计划进行审查，审查分为一般性审查和重点审查。对于审查不通过的，应当修改采购需求和采购实施计划的内容并重新进行审查。

一般性审查主要审查是否按照本办法规定的程序和内容确定采购需求、编制采购实施计划。审查内容包括：采购需求是否符合预算、资产、财务等管理制度规定；对采购方式、评审规则、合同类型、定价方式的选择是否说明适用理由；属于按规定需要报相关监管部门批准、核准的事项，是否作出相关安排；采购实施计划是否完整。

重点审查是在一般性审查的基础上，进行非歧视性审查、竞争性审查、采购政策审查、履约风险审查，以及采购人、审计处或者主管预算单位认为应当审查的其他内容。

五、采购合同和法律责任

采购合同应当包括：采购方与供货方的名称和住所、标的、数量、质量、采购需求、配送及交货要求、验收要求、退换说明、合同价款的结算与支付、合同有效期、考核和违约责任、合同的解除、不可抗力、解决争议的方法、组成合同的文件及优先顺序、合同生效与其他、补充条款等内容。

采购方与供货方应当根据合同的约定，依法履行合同义务。政府采购合同的履行、违约责任和解决争议的方法等适用《中华人民共和国民法典》。在订立合同文本时，必须明确乙方的违约责任，规定未达到采购标准的惩罚措施，按严重违约及一般违约分级规定具体责罚措施，以此来规避因违约造成的问题，同时最大限度地维护图书馆利益，减少风险和损失。

政府采购当事人违反政府采购法和本条例规定，给他人造成损失的，依法承担民事责任。财政部门在履行政府采购监督管理职责中违反政府采购法和采购实施条例规定，滥用职权、玩忽职守、徇私舞弊的，对直接负责的主管人员和其他直接责任人员依法给予处分；直接负责的主管人员和其他直接责任人员构成犯罪的，依法追究刑事责任。

第二节　招标采购

图书馆文献招标采购是近二十年在国内实行的一种主流文献采购方式，本节将进行详细说明。

文献采购招标的标的物可分为固定标的物和非固定标的物。固定标的物指所采购的文献内容和形式明确，能够详细列出所采购文献的名称、卷（期）次、数量、到货期限等具体事项，如已出版的中外文图书和连续出版物、文献数据库等。非固定标的物指不能列出所采购文献的具体名称、数量，而是按年度或其他时间段对文献采购的数量或金额进行控制。

一、招标采购的定义

招标采购是图书馆遵循国家法律法规，根据各馆的采购要求公开地向有潜力的书商发布公告、通告或邀请函，本着公开透明、公开竞争、公平公正和诚实信用的原则，通过招标的方式，选择最符合要求的书商作为文献供货商，并与之签订采购合作协议的采购方式[1]。

二、招标采购和政府采购的联系和区别

《中华人民共和国政府采购法》与《中华人民共和国招标投标法》既密切

[1] 段俊．图书馆图书招标采购质量控制研究［D］．北京：北京师范大学，2008：8.

联系又互相区别。在不熟悉政府采购与招投标的情况下，容易将政府采购与招投标混为一谈。政府采购包括：货物、工程和服务，政府采购工程进行招标投标的，适用《中华人民共和国招标投标法》。《中华人民共和国招标投标法》是1999年第九届全国人大常委会专门制定的用于指导招标投标活动的程序法于2017年修正，《中华人民共和国政府采购法》是2002年由第九届全国人大常委会专门为规范政府采购行为制定的实体法。2014年8月31日第十二届全国人民代表大会常务委员会第十次会议通过对《中华人民共和国政府采购法》作出修改。两部法律规范的实施主体、行为方式、法律责任不同，具体如下：

（一）实施主体不同

（1）《中华人民共和国政府采购法》规范的采购人主体是各级国家机关、事业单位和团体组织。

（2）《中华人民共和国招标投标法》规范的采购主体并无明确限制，因此涵盖了在我国境内进行招标投标活动的任何主体，包括私人企业及其他非法人组织。

（二）行为方式不同

（1）《中华人民共和国政府采购法》规范的是政府采购行为。这种行为不仅包括招标采购，还包括竞争性谈判采购、单一来源采购、询价采购等行为。

（2）《中华人民共和国招标投标法》规范的是招标投标行为。是指招标人以招标公告或投标邀请书的方式，公开选择卖方的一种交易方式。

（三）法律责任不同

（1）《中华人民共和国政府采购法》属于行政法的范畴。规范的是政府机关单位如何管理规范政府采购行为，因而它强调的是行政责任。

（2）《中华人民共和国招标投标法》属于民法、经济法的范畴。招标投标行为是一种民事行为，因而强调的是民事责任。

三、招标采购的分类

按照《中华人民共和国招标投标法》的规定，货物服务招标分为公开招标和邀请招标两种形式。

（一）公开招标

公开招标是指采购人依法以招标公告的方式邀请非特定的供应商参加投标的采购方式。因此也称无限竞争性招标，这是一种由招标人按照法定程序，在政府或图书馆网站或公开出版物上发布招标公告，所有符合条件的供应商都可以平等参加投标竞争，从中择优选择中标者的招标方式。通过招标，招标人可以有较大的选择余地，可在众多的投标人中选定供货质量高、到货及时、服务质量好、报价合理的馆配商。其缺点在于招标周期长，流程复杂，对于采购量较小的招标项目，不宜采用公开招标的方式。

（二）邀请招标

邀请招标是指采购人依法从符合相应资格条件的供应商中随机抽取 3 家以上供应商，并以投标邀请书的方式邀请其参加投标的采购方式。

这种采购方式的特点是发布信息的方式为投标邀请书，采购方在一定范围内邀请供应商参加投标，其竞争范围有限，采购方只要向 3 家以上供应商发出邀请标书即可，因此招标时间短，招标费用相对较低，公开程度逊色于公开招标。

采用邀请招标方式采购，需要符合下列情形之一：①具有特殊性，只能从有限范围的供应商处采购的；②采用公开招标方式的费用占政府采购项目总价值的比例过大的。

四、招标采购的意义

现代采购制度在世界上已经有 200 年的历史，它起源于欧洲，形成于 18 世纪末，并以 1980 年建立的采购国际规则——《政府采购协议》为标志，全面走向国际化。2000年《中华人民共和国招标投标法》实施以来，通过招标方式进行采购文献已经逐渐成为各类型图书馆获取文献的主要渠道。2017年财政部修订了《政府采购货物和服务招标投标管理办法》。实践证明，图书馆招标采购是从制度上规范操作的有效手段，在推动采购过程公开、促进供书商合理竞争，节约预算资金，维护国家利益、社会公共利益和政府采购招标投标活动当事人的合法权益等方面，起到了积极作用。

文献招标采购具有积极意义：首先，招标采购是文献采购工作走向法治化、规范化的必然要求，它有利于提高文献采购的透明度，监督图书馆经费使用情况，从源头上防止腐败发生；其次，通过招标投标，可以选择服务口碑好、供货能力强、文献质量优、到货速度快的书商，从而有利于保障馆藏质量；最后，通过公开招标采购，引入市场竞争，图书馆可以得到更多的价格优惠，从而降低文献采访成本，同时还得到中标馆配商提供的若干增值服务，在一定程度上缓解图书馆人力不足的问题，形成了双赢局面。

图书采访工作涉及图书馆采访人员要与很多出版社发生联系。仅以中文图书而言，截至2020年年底全国共有出版社584家，要跟这么多出版社直接沟通联系，工作量会非常大，因此需要选择合适的馆配商进行信息汇总和处理。随着内地图书馆配市场的开放，除原有的新华书店系统之外，出现了很多民营图书供应商，如近几年口碑不错的北京人天书店、湖北武汉三新公司等，都稳稳占据了相当大的中文图书馆配市场份额。

五、招标采购的难点

由于图书馆所要入藏的文献是一种特殊的商品，具有内容的丰富多样性、品种的不确定性、来源渠道的多样性、采购渠道价格的差异性、馆配商配套服务质量的差异性、到货周期时长不确定性等特点，这些因素构成了图书招标采购的主要难点[1]。近些年关于低价中标等问题，成为大家关注的焦点。

---

[1] 姜曼莉．图书招标采购质量的影响要素及其优化策略［C］//数字时代的文献资源建设：第四届全国文献采访工作研讨会论文集，北京：国家图书馆出版社，2012：55-54.

所谓低价中标，就是在招标采购的过程中过分注重文献的价格因素，从而使报价最低的书商最容易中标，而低价中标往往带来诸多问题。如个别书商容易换掉折扣价高的、质量高的图书，只将那些质量平庸甚至低劣，但折扣很低的文献向图书馆供货。同时个别低价中标的供应商也容易在向图书馆提供的新书目录中，屏蔽那些高质量但折扣很高的图书，使图书馆根本不知道这些图书的出版。最糟糕的是招标采购使得图书馆不可能通过其他渠道，来采购那些高质量的图书，最后导致图书馆缺藏了该采购的图书。

图书馆作为招标方，需要在招标采购的制度研究和合同执行监管上进行深入思考和总结，构建质量优先、公平合理的招标管理制度。在对投标方的激励策略和惩罚策略设计上[1]，应主动了解投标方的运营成本，在追求图书馆权益的同时，也应考虑投标方的合理利润，激励中标方更好地为图书馆服务，做到真正的双赢。

六、招标采购的指导原则

在我国，依照《中华人民共和国政府采购法》第三条规定“政府采购应当遵循公开透明原则、公平竞争原则、公正原则和诚实信用原则”。

招标采购的指导原则，应该在遵循公开、公平、公正、诚实信用的基础上，遵循质量和效益的原则。进一步来说，就要在采购过程中遵循 5 个合适（Right）原则，也称 5R 原则，其内容是购买者以合适的价格买到具有合适质量及合适数量的产品或者服务，并在合适的时间交到合适的地点。

七、招标采购的一般流程

图书馆文献采购招标工作必须按照招标、投标、开标、评标、定标、签订合同等基本程序进行。

图书馆文献招标采购工作首先要做好前期准备工作，方便采购管理部门

---

[1] 乔金，平安 . 外文图书招标采购的优化策略研究［J］. 河南图书馆学刊，2019，39（5）：3.

了解和掌握图书馆对文献招标采购的各项业务要求。组建文献采购招投标工作组，主要由纪检、审计、财务部门及图书馆的采访相关人员组成。由工作组拟定招标内容、方式、招投标日期；由招投标工作组制定评标原则和标准，并经各方讨论后确定；向采购管理部门提交实施某项招标采购的申请报告及相关资料。

招标工作的具体实施操作步骤如下。

（一）招标

招标是指招标人通过招标公告或投标邀请书等形式，招请具有法定条件和具有承建能力的投标人参与投标竞争。安排招投标会议时间、印制招标文件。在中国政府采购网等官方网站发布招标信息、接收投标报名。邀请符合资格条件的馆配商积极参与投标。

（二）投标

投标是指经资格审查合格的投标人，按招标文件的规定填写投标文件，按招标条件编制投标报价，在招标文件限定的时间送达招标单位。招标人在投标文件上标明签收时间；在招标文件规定的截止时间后送达的投标文件，招标人应当拒收；开标前，任何人均不得开启投标文件；提交投标文件的投标人少于3个时，应当依法重新组织招标。

（三）开标

开标是指到了投标人提交投标文件的截止时间，招标人（或招标代理机构）依据招标文件和招标公告规定的时间和地点，在有投标人和监督机构代表出席的情况下，当众公开开启投标人提交的投标文件，公开宣布投标人名称、投标价格及投标文件中的有关主要内容的过程。开标须有下列人员参加：投标人、采购管理部门人员、评标小组成员和需要参加开标的图书馆有关人员。

开标前，招标方应确定开标、评标程序和评标办法，并向投标人公布。评标小组应确定评标标准，必要时，可以根据保证文献采购质量的要求和文献市场行情事先确定中标底价。评标小组成员名单和中标底价在中标结果确定前应当保密。

（四）评标

评标是指招标人依法组建的评标委员会按照招标文件规定的评标标准和方法，对投标文件进行审查、评审，按评标标准打分，然后按得分由高到低直接产生中标供应商。提出书面评标报告，推荐合格的1～3名中标候选人。评标过程中，评委应认真听取图书馆专业人员对该采购事项业务需求的说明；必要时，还应要求投标人对投标文件中含义不明确的内容做必要的澄清或者说明。

（五）中标

中标是指招标人根据评标委员会提出的书面评标报告，在推荐的中标候选人中确定中标人的过程。中选的投标人应当最大限度满足招标文件中规定的综合评价标准，并考虑各种优惠及税收等因素，在合理条件下所报投标价格最低。

（六）授标

授标是指招标人对经公示无异议的中标人发出中标通知书，接受其投标文件和投标报价。

（七）签订合同

采购管理部门与中标人应当按照招标书的要求、投标人的投标书、招投标谈判结果、服务要求、结算方式及构成合同的其他要件签订书面合同。为保证合同履行，签订合同时，招标文件要求中标人提交履约保证金或保证书的，中标人应当提交。签订合同是指中标通知书发出后30天之内，招标人与中标人就招标文件和投标文件中存在的问题进行谈判，并签订合同书。至此就完成了招标投标的全过程。

八、招投标文件的构成

（一）招标文件的构成

一般来说，招标文件主要包括以下内容：

①招标公告。

②投标人须知。

③资格审查、评标办法和标准。

④合同条款。

⑤采购需求。

⑥投标文件格式。

由于图书馆文献招标采购具有标的物的非具体性，以及交货时长的不确定性等特点，使标书撰写具有一定的难度。然而标书及中标后签订的合同是招标工作的核心内容，也是图书馆向书商要求履行己方需求的重要依据。因此标书不能仅仅简单地列出招标金额、时间等，而应明确提出具体的采购需求，包括学科专业要求、到货率、到货期、数据和图书加工质量要求、正版要求、验收与退货规范、违反合同的具体处罚条例，收取履约保证金等内容，进而形成一份完整的招标合同书。

（二）投标文件的构成

一般来说，投标文件应包括下列内容：

1. 商务部分

① 投标书。

② 报价表。

③ 法定代表人身份证明。

④ 授权委托书。

⑤ 投标保证金。

⑥ 投标分项报价表。

⑦ 商务、合同条款偏差表。

⑧ 投标人基本情况表。

⑨ 资格证明文件（详见投标文件格式要求）。

⑩ 投标人供货业绩一览表。

⑪ 小微企业、监狱企业、残疾人福利单位的声明函或证明材料（如有）。

⑫ 投标承诺书。

2. 技术部分

① 技术偏离表。

② 对采购项目的技术规格、数量、服务标准、验收等要求的响应。

③ 售后服务支持能力。

④ 投标人服务承诺（如有）。

3. 其他内容

投标文件要求的其他内容，以及投标人认为必要的其他内容。

九、标段划分的方法和原则

（一）标段划分的方法

将标的物划分为若干标段，供应商根据采购方的要求和自身的条件选择标段投标。标段可按下列办法划分，并可根据采购需要有选择地同时采用多种办法：

①按采购金额划分：将年度采购金额划分为若干标段，可平均划分，也可递进式、递减式分等级划分。

②按文献出版机构划分：根据所采购书刊在出版社的分布情况划分标段。

③按学科划分：根据所采购图书的学科分布情况划分标段。

④按文献出版地区划分：可按文献出版的区域、国家、省区划分标段。

⑤按语种划分：例如，在采购外文出版物时，可以按英语、法语、德语等具体语种划分。

（二）标段划分的原则

1. 合理性策略

通过分析馆配商提供的书目信息，合理安排出版社分包内容，是图书馆图书招标工作的一个核心环节。按照图书馆文献资源采访要求，需要兼顾出版社供书能力、各分包金额、出版社的涵盖率、重点出版社保障率四方面要素，确保各出版社书目报道的连续性和完整性，保证图书馆可以每年顺利采购到新书出版物。

2. 公平性策略

通常来讲，重点出版社的图书普遍学术价值较高，供书渠道较为通畅，且出版社定价较为合理，投标方给的折扣率普遍较低。一些中小型出版社的图书价值有限，供书渠道不太通畅，定价策略不稳定，有时价格会出现虚高现象，图书馆遴选图书的选中率低，但通常图书价格比较低廉，投标方给的折扣率通常较高。在考虑分包的时候，应该考虑到投标方的综合服务能力，抵制低价中标。综合能力强的投标方应给予较多的分包，应该尽量发挥其自身强大的书目搜寻能力；同时，综合能力有限的投标方，也应该给其一定的分包机会。例如，可以给其一些重点出版社分包，这样丝毫不会影响图书馆的文献资源采访，又能比较公平地促进各投标方之间良性竞争。

3. 激励性策略

在对出版社分包设计过程中，图书馆一定要对出版社的遴选下足功夫，重点采选规模大、口碑好的出版社，并对采选数量和采选比例做好规划。对于不符合馆藏要求且口碑较差的出版社，应当建立“慎选出版社名单”，提醒馆配方尽量不要耗费精力进行过度的书目报道。对于一些供货渠道受限的大学出版社、中小出版社、学协会出版组织，图书馆可以放开分包，让更多的投标方参与良性竞争，让投标方努力发掘供书渠道，增加图书的报道数量。这样做一方面可以充分挖掘馆配商在经营特点、进货渠道、合作出版社方面的优势，调动馆配商的积极性，增加其销售收入；另一方面则可以扩大采访范围，提高图书馆文献采访质量，可谓一举两得。

十、评标的办法和标准

资格审查、评标办法和标准。

（一）资格审查及标准

由采购人或采购代理机构按本书附录 1 馆配商服务质量评价表所列审查标准，对投标人资格进行审查，以确定投标人是否具备投标资格，投标人未通过资格审查的，其投标无效。

（二）评标方法

评标委员会应当按照招标文件中规定的评标方法和标准，对审查合格的投标文件进行商务和技术评估，综合比较与评价。

评标方法分为最低评标价法和综合评分法。

1. 最低评标价法

最低评标价法是指投标文件满足招标文件全部实质性要求，且投标报价最低的投标人为中标候选人的评标方法。技术、服务等标准统一的货物服务项目，应当采用最低评标价法。采用最低评标价法评标时，除了算术修正和落实政府采购政策需进行的价格扣除外，不能对投标人的投标价格进行任何调整。

采用最低评标价法的，评标结果按投标报价由低到高顺序排列。投标报价相同的并列。投标文件满足招标文件全部实质性要求且投标报价最低的投标人为排名第一的中标候选人。

2. 综合评分法

综合评分法是指投标文件满足招标文件全部实质性要求，且按照评审因素的量化指标评审得分最高的投标人为中标候选人的评标方法。

评审因素的设定应当与投标人所提供货物服务的质量相关，包括：投标报价、技术或者服务水平、履约能力、售后服务等。资格条件不得作为评审因素。评审因素应当在招标文件中规定。

评审因素应当细化和量化，且与相应的商务条件和采购需求对应。商务条件和采购需求指标有区间规定的，评审因素应当量化到相应区间，并设置各区间对应的不同分值。

评标时，评标委员会各成员应当独立对每个投标人的投标文件进行评价，并汇总每个投标人的得分。

其中货物项目的价格分值占总分值的比重不得低于30%，服务项目的价格分值占总分值的比重不得低于10%。执行国家统一定价标准和采用固定价格采购的项目，其价格不列为评审因素。

价格分应当采用低价优先法计算，即满足招标文件要求且投标价格最低的投标报价为评标基准价，其价格分为满分。其他投标人的价格分统一按照下列公式计算：

投标报价得分 =（评标基准价 / 投标报价）×100

评标总得分 =M1×A1 + M2×A2 + …… + Mn×An

其中 M1、M2……Mn 分别为各项评审因素的得分；

A1、A2……An 分别为各项评审因素所占的权重（A1 + A2 + …… + An=1）。

评标过程中，不得去掉报价中的最高报价和最低报价。

因落实政府采购政策进行价格调整的，以调整后的价格计算评标基准价和投标报价。

采用综合评分法的，评标结果按评审后得分由高到低顺序排列。得分相同的，按投标报价由低到高顺序排列。得分且投标报价相同的并列。投标文件满足招标文件全部实质性要求，且按照评审因素的量化指标评审得分最高的投标人为排名第一的中标候选人。中标候选人并列的，由采购人或者采购人委托评标委员会按照招标文件规定的方式确定中标人；招标文件未规定的，采取随机抽取的方式确定。

（三）采用综合评分法的评标实例介绍

评标分值构成：总分 100 分，其中商务部分：15 分，技术部分：55 分，报价部分：30 分，如本书附录 2 图书招标采购需求书样例所述。

（四）评标报告的撰写

根据全体评标成员签字的原始评标记录和评标结果编写评标报告。评标报告应当包括以下内容：

①招标公告刊登的媒体名称、开标日期和地点。

②投标人名单和评标委员会成员名单。

③评标方法和标准。

④开标记录和评标情况及说明，包括无效投标人名单及原因。

⑤评标结果，确定的中标候选人名单或者经采购人委托直接确定的中标人。

⑥其他需要说明的情况，包括评标过程中投标人根据评标委员会要求进行

的澄清、说明或者补正，评标委员会成员的更换等。

（五）合同授予

1. 中标公告

采购代理机构应当在评标结束后 2 个工作日内将评标报告送达采购人。采购人应当自收到评标报告之日起 5 个工作日内，在评标报告确定的中标候选人名单中按顺序确定中标人。中标候选人并列的，由采购人或者采购人委托评标委员会按照招标文件规定的方式确定中标人；招标文件未规定的，采取随机抽取的方式确定。

中标结果公告内容应当包括采购人及其委托的采购代理机构的名称、地址、联系方式，项目名称和项目编号，中标人名称、地址和中标金额，主要中标标的的名称、规格型号、数量、单价、服务要求，中标公告期限及评审专家名单。中标公告期限为 1 个工作日。

2. 中标通知书

在公告中标结果的同时，采购人或者采购代理机构应当向中标人发出中标通知书；对未通过资格审查的投标人，应当告知其未通过的原因；采用综合评分法评审的，还应当告知未中标人本人的评审得分与排序。

3. 履约保证金

在签订合同前，中标人应按规定的金额、担保形式和招标文件规定的履约保证金格式，向采购人提交履约保证金。中标人不能按要求提交履约保证金的，视为放弃中标，其投标保证金不予退还，给采购人造成的损失超过投标保证金数额的，中标人还应当对超过部分予以赔偿。

4. 签订合同

采购人应当自中标通知书发出之日起 30 日内，按照招标文件和中标人投标文件的规定，与中标人签订书面合同。所签订的合同不得对招标文件确定的事项和中标人投标文件作实质性修改。采购人不得向中标人提出任何不合理的要求作为签订合同的条件。

中标或者成交供应商拒绝与采购人签订合同的，采购人可以按照评审报告推荐的中标或者成交候选人名单排序，确定下一候选人为中标或者成交供应商，也可以重新开展政府采购活动。中标人无正当理由拒签合同的，采购人取消其中标资格，其投标保证金不予退还；给采购人造成的损失超过投标保证金数额的，中标人还应当对超过部分予以赔偿。

发出中标通知书后，采购人无正当理由拒签合同的，采购人向中标人退还投标保证金；给中标人造成损失的，还应当赔偿损失。

第三节　非招标采购

依据《中华人民共和国政府采购法》和其他法律、行政法规的有关规定，通常所称的非招标采购方式，是指竞争性谈判、单一来源采购和询价采购方式。

一、非招标采购的种类

（一）竞争性谈判

竞争性谈判是指谈判小组与符合资格条件的供应商就采购货物、工程和服务事宜进行谈判，供应商按照谈判文件的要求提交响应文件和最后报价，采购人从谈判小组提出的成交候选人中确定成交供应商的采购方式。

竞争性谈判具有较强的主观性，评审过程较难控制，容易导致不公正交易，甚至腐败，必须对这种采购方式的使用条件进行严格限制，并对谈判过程进行严格控制。

（二）单一来源采购

单一来源采购是指采购人从某一特定供应商处采购货物、工程和服务的采购方式。

单一来源采购也称直接采购，所购商品的来源渠道单一，或属专利、首次创造、合同追加、原有采购项目的后续扩充，和发生了不可预见紧急情况，不能从其他供应商处采购等情况，是一种没有竞争的谈判采购方式。由于单一来源采购只同唯一的供应商签订合同，采购活动处于一对一的状态，且采购方处于主动地位，在交易过程中，更容易造成各种不规范行为和腐败行为。因此，需要从法律上对单一来源采购的使用规定严格的适用条件。

（三）询价采购

询价是指询价小组向符合资格条件的供应商发出采购货物询价通知书，要求供应商一次报出不得更改的价格，采购人从询价小组提出的成交候选人中确定成交供应商的采购方式。

询价采购，也称货比三家，指采购方根据采购需求，从符合相应资格条件的供应商（一般不少于 3 家）发出询价通知书，让其报价，然后在报价的基础上进行比较，按照符合采购需求、质量和服务相等且报价最低的原则确定成交供应商的一种采购方式。询价采购是一种相对简单而又快速的采购方式，适用于采购货物规格、标准统一，现货货源充足，且价格变化幅度较小的采购项目。

二、非招标采购的活动组织

竞争性谈判小组或者询价小组由采购人代表和评审专家共 3 人以上单数组成，其中评审专家人数不得少于竞争性谈判小组或者询价小组成员总数的 2/3。采购人不得以评审专家身份参加本部门或本单位采购项目的评审。采购代理机构人员不得参加本机构代理的采购项目的评审。达到公开招标数额标准的货物或者服务采购项目，或者达到招标规模标准的政府采购工程，竞争性谈判小组或者询价小组应当由 5 人以上单数组成。

采用竞争性谈判、询价方式采购的政府采购项目，评审专家应当从政府采购评审专家库内相关专业的专家名单中随机抽取。技术复杂、专业性强的竞争性谈判采购项目，通过随机方式难以确定合适的评审专家的，经主管预算单位同意，可以自行选定评审专家。技术复杂、专业性强的竞争性谈判采购项目，评审专家中应当包含 1 名法律专家。

三、非招标采购的职责和义务

竞争性谈判小组或者询价小组，在采购活动过程中应当履行下列职责：

①确认或者制定谈判文件、询价通知书。

②从符合相应资格条件的供应商名单中确定不少于 3 家的供应商参加谈判或者询价。

③审查供应商的响应文件并作出评价。

④要求供应商解释或者澄清其响应文件。

⑤编写评审报告。

⑥告知采购人、采购代理机构在评审过程中发现的供应商的违法违规行为。

竞争性谈判小组或者询价小组成员应当履行下列义务：

①遵纪守法，客观、公正、廉洁地履行职责。

②根据采购文件的规定独立进行评审，对个人的评审意见承担法律责任。

③参与评审报告的起草。

④配合采购人、采购代理机构答复供应商提出的质疑。

⑤配合财政部门的投诉处理和监督检查工作。

四、非招标采购的流程

（1）达到公开招标数额标准的货物、服务采购项目，拟采用非招标采购方式的，采购人应当在采购活动开始前，报经主管预算单位同意后，向设区的市、自治州以上人民政府财政部门申请批准。

（2）由采购人代表和评审专家按照政府采购法，组织开展非招标采购活动，形成竞争性谈判小组或者询价小组。任何单位和个人不得非法干预、影响评审过程和结果。

（3）采购人和评审专家分别书面推荐的方式邀请不少于 3 家符合相应资格条件的供应商，参与竞争性谈判或者询价采购活动。

（4）供应商应当按照谈判文件、询价通知书的要求编制响应文件。采购人、采购代理机构可以要求供应商在提交响应文件截止时间之前交纳保证金。

（5）谈判小组、询价小组对响应文件的有效性、完整性和响应程度进行审查，并可以要求供应商以书面形式澄清、说明或者更正响应文件。

（6）谈判小组、询价小组应当根据评审记录和评审结果编写评审报告，并全员签字。评审报告的主要内容包括：

①邀请供应商参加采购活动的具体方式和相关情况，以及参加采购活动的供应商名单。

②评审日期和地点，谈判小组、询价小组成员名单。

③评审情况记录和说明，包括对供应商的资格审查情况、供应商响应文件评审情况、谈判情况、报价情况等。

④提出的成交候选人的名单及理由。

（7）采购人或者采购代理机构应当在成交供应商确定后 2 个工作日内，在省级以上财政部门指定的媒体上公告成交结果，同时向成交供应商发出成交通知书，并将竞争性谈判文件、询价通知书随成交结果同时公告。

成交结果公告应当包括以下内容：

①采购人和采购代理机构的名称、地址和联系方式。

②项目名称和项目编号。

③成交供应商名称、地址和成交金额。

④主要成交标的的名称、规格型号、数量、单价、服务要求。

⑤谈判小组、询价小组成员名单及单一来源采购人员名单。

（8）采购人与成交供应商应当在成交通知书发出之日起 30 日内，按照采购文件确定的合同文本及采购标的、规格型号、采购金额、采购数量、技术和服务要求等事项签订政府采购合同，并在采购活动结束后及时退还供应商的保证金。

（9）采购人或者采购代理机构应当按照采购合同规定的技术、服务等要求组织对供应商履约的验收，并出具验收书。

（10）在采购活动中因重大变故，采购任务取消的，采购人或者采购代理机构应当终止采购活动，通知所有参加采购活动的供应商，并将项目实施情况和采购任务取消原因报送本级财政部门。

第四节　合同履约考评

合同履约考评是招标合同的重要组成部分，也是招标采购流程中的重要一环，中标书商履约考评机制的建立，是为了更好地完成招标合同执行，更好地监督书商服务内容质量，考评的结果可以作为未来书商招标的客观依据，选择续约或者停约。

一、合同履约考评的原则和流程

履约考评应以实际运行中收集到的数据为基础，评价结果与投标承诺进行比较，综合评价供应商的实际供货能力和服务水平。

（1）评价内容。选择合同中有关供货和服务要求方面的条款量化指标，如到货情况、差错率、书目报道情况、加工及增值服务等。招标后的评价结果可只列出具体数据，不必打分。

（2）评价频次。招标后，图书馆可以对书商服务进行月度、季度的抽查考评，都可以作为年底合同履约考评的依据，可以设置相应权重。这样供应商的问题在平时能够得到反馈和解决，不用积压到年底或者合同履约考评时再爆发，容易引起麻烦。评价应定期进行，可选重点指标如到货情况每月评价一次，全面评价可每学期评价一次。

（3）评价反馈。履约考评，可以先以供应商自查的形式进行，让供应商提供相关到货情况、书目报道情况的说明。最终履约考评结果需要通过正式渠道向供应商进行反馈，让供应商了解情况并及时纠正不足，对评价结果不理想的供应商进行淘汰，以敦促供应商更好地履行自己的权利和义务，为今后招标工作的开展奠定基础。

二、中标书商履约考评报告

本节以国家图书馆2020年度进口西文图书采购合同履行考核内容为例进

行阐述。考核范围为2020年度通过招标方式采购的西文图书，履约情况综合考评如下。

1. 合同执行情况

根据招标合同具体分包情况，考核各中标单位是否满足了图书馆文献采购的需求。在编制目录方面，是否能根据我馆选书馆员学科分类和制式要求编制选书专目，安排专人查重，大部分目录能根据我馆采访条例的要求过滤部分大众类图书、通俗读物、低幼读物等。在提供月度新书目录的同时，能根据我馆需求定期或不定期编制回溯、专题目录。在发订环节，为选定的条目打印卡片订单，配置采访MARC数据，跟踪订单执行进度。到书后，提供相应清单和发票，安排驻馆人员完成部分图书记到、贴磁条、贴条码等服务，按规定进行退换书并完成结算，基本达到了合同的要求。

2. 目录提供情况

各中标单位目录报道数量统计，各中标单位目录提供能力分析。

各中标单位是否能够按照中标分包范围，做到按月提供最新的书目信息。

3. 到货情况

本次考核统计时间从2020年1月1日至2020年12月31日，考评时间节点为2021年3月1日。文献到货率考核表，见本书的附录3。

到货率＝到货数量/（订单数量－第三方原因无法到货－三个月内无法到货订单数量）。

根据合同规定的到货时限90日历日，三个月内无法到货订单数量（不含第三方原因）不纳入到货率统计范围。

各中标公司到货率是否符合“90日历日内到货率在90%以上”的合同要求，考核结果合格。

整体情况及存在问题：

（1）到货情况。2020年在国际新冠疫情和第三方原因的影响下，长期未到货情况依然存在。首先，全球货运受疫情影响，国际空运受到极大挑战，海运比重增加，还增加使用了欧洲班列进行运输，国际及国内运输时间不确定性增加。其次，海关等疫情防控要求对运输流程的影响，除需完成严格的消杀流程外，到港货物在国内的运输也受各地不同防疫规定影响，提货和运输速度受到一定程度的影响。一些本来已采购到的书无法安排起运，后续的新订单也无法继续执行，运输方式被迫变更，一些书目和订单服务暂时停滞。最后，第三方原因，如出版社延迟出版、取消出版、尚未出版、绝版、无库存等。

（2）退、换书情况。各中标公司到货图书质量总体不错，无盗版图书。到书时，偶有残书、套书缺卷或因目录报道问题造成的复本，各公司均能配合完成退换书，但需提高时效性。

（3）价格和付款情况。中标公司能够按照原始码洋供书，遇有价格调整（上涨）超过30%时能事先通知我方确认后订购。能按照合同中约定的加成率结算，未发现重复结算现象。

4. 其他

（1）服务。各中标公司服务态度良好，均由专人负责，即使在疫情影响下依然定期提供图书目录并到馆进行交流。希望能够继续提高书目报道的质量，保证到货率。

（2）结算。各中标公司均根据我馆具体要求，提供简洁、完整、清晰的到书清单和发票，依照国有资产管理处通知进行抽样和核对结算。遇到配书单信息不完整、信息错误、款项不明的情况，能及时进行纠正。

（3）催询。针对一年以上未到货订单，各中标公司均能通常在催询下及时反馈，主动并及时进行了订单催询及补订。

三、合同履约的长效监管机制

采访人员以招标合同为依据，制定量化评价指标，对供应商的合同履约情况进行评估，做到招标前后考核重点一致，从而形成行之有效的监督管理机制。合同执行完毕后，要组织有关业务人员及有关部门对合同的履行情况进行验收，以确定所提供的服务质量是否符合要求。同时上报馆内相关采购管理机构，关于供应商的有关考核情况，决定是否续约或者更换新的供应商。只有这样图书馆才能在招标工作的后续运行中，真正掌握文献采购的自主权，巩固招标的成果。

另外，文献供应商在中标后，一定程度上会存在无法按照应标承诺履约的现象。图书馆需要及时敦促其采取改进措施。还可以考虑不同供应商之间横向比较，发现它们各自的优缺点，敦促其改正不足，相互借鉴与学习，以提高服务质量。

第七章　如何安排文献采访工作

馆藏文献资源采访是图书馆开展服务工作的基本保证和前提条件。为了完成好采访职责，凡具有一定规模的图书馆，就必须设立专门的业务机构，并配备一定数量岗位人员，这一机构称为采访部、采编部或资源建设部。有些图书馆还会设立采访委员会或馆藏建设指导委员会等高层机构，负责馆藏发展政策的研究制定、中长期图书馆发展战略规划的制定，以及重要文献和大宗采访项目的决策制定。另外，图书馆也可以聘请馆外专家学者组成专家咨询委员会，定期或不定期对各学科发展作出评价，并对馆藏建设方针提出建议，其一般是非常设机构，并不参与图书馆日常具体的文献采访工作。

第一节　采访岗位和人员管理

图书馆的文献采访部门，就是根据本部门的工作范围和自身担负的具体任务，设置相应的科组和若干有关的工作岗位并配备一定数量的工作人员，在明确业务操作规范下，按一定的工作流程开展这项工作，以保证文献采访工作的顺利开展。

因图书馆规模大小、文献购置经费的多少，以及采访数量的不同，采访部门也会有不同的组织形式，如有些图书馆是按语种划分为中文采编部和外文采编部的，也有只设立采访部负责所有文献资料的采访工作，并按文献类型分为图书、报刊、视听、数字采访科组的。

一、对采访工作岗位的要求

虽然图书馆的规模及采访工作量的大小存在差异，工作岗位配备人力有多寡，但是按照采访工作性质，文献采访工作至少需要设置以下岗位。

（一）文献选择岗位

该岗位的主要职责是按照本馆或本部门制订的采访原则和工作计划，圈选本馆需要入藏的文献，并对本馆以往缺藏、漏订的重要文献资料进行有计划的补充。这是图书馆工作中专业性最强、技术性最复杂、对人员素质要求最高的工作岗位之一。文献选择工作优劣，直接影响着馆藏质量的好坏和用户满意度的高低。文献选择岗位的工作人员，应具备硕士研究生以上学历，具有一定专业知识和外语水平，并具有馆员以上的职称；如果条件允许，应尽量安排具有高级职称的专业人员负责，如有博士研究生学历更好。在许多图书馆中，文献选择岗位，对政治信念、学历学识、责任心和工作经验都有较高的要求，一般由资深的专家担任。

（二）文献发订岗位

文献发订岗位的职责是对已选定的文献，根据各种新书预订目录编制采访目录、建立、发送、组织订单记录，预订本馆所需的文献，跟踪订单执行情况，利用各种文献采访目录工具核对书目记录。负责该岗位的工作人员应具有简单编目的知识，以正确建立订单的书目记录。

（三）文献收登岗位

文献收登岗位的职责是负责对购买、交换、赠送、交存到馆的文献资源进行验收、登记工作及编目前的一般准备工作；如为验收后的文献打印登记号、加盖馆藏章、粘贴条形码、建立发票总账和每本文献的细账、核对发订记录等。对到错、到重、缺卷的文献进行记录，并与中标书商联系解决。文献验收、登记岗位的工作，一般由馆员或助理馆员担任。

（四）财务岗位

该岗位的职责是整理核对到货发票与清单，根据供书商提供的发票和清单，对已到馆并验收合格的文献，办理馆内请款报销手续，同时办理相关银行有关付款的手续。要求其熟悉馆里的各项财务制度和银行的有关制度，一般由有财务经验、有责任心的馆员担任。

（五）通联岗位

在文献采选工作中，少不了与国内外书商和出版社联系的工作。通联岗位人员具体负责向出版社、书商索取出版信息，与书商联系解决招标合同执行中出现的问题，通知书商有关付款的细节，接待书商和出版社的来访等。该岗位人员应了解馆藏情况，能意识到所在学科主题馆藏中存在的不足；与用户保持积极联系，向用户说明当前图书馆建设和服务情况；积极与图书馆其他部门、其他科组，与出版行业上下游出版商、供应商等各方面的人员保持好联系，协商合作；做好对外联系工作，争取外部经费支持与捐赠馆藏。负责这个工作的图书馆员应具有较高的业务积淀和沟通管理水平，一般可以由相关采访科组长担任。

二、对采访工作人员的要求

采访工作人员对采访工作的顺利完成，具有至关重要的作用。关于文献采访人员的素质要求包括许多方面，主要体现在职业道德、业务能力、科研能力、管理能力这四个方面，具体内容如下。

（一）职业道德

俗话说做人做事，即要先做人，人品要立得住。职场上要有基本的职业道德，而采访工作要做好，也需要良好的思想品德素质。图书馆是传播社会主义文化的重要阵地，图书馆馆藏体系也要反映一定的政治性、思想性、方向性，要认真贯彻执行党和国家的相关路线、方针、政策，有坚定的信仰、政治意识、审读能力。

对于采选工作人员，职业道德要求有着更多的内涵。要有高度敬业的精神，认真负责的工作作风，严格遵守文献采访工作的方针和原则，执行文献采访条例，对每一笔购书经费，都应力求花在刀刃上。文献采选上要尽量避免个人的主观性、局限性影响。由于采选工作不直接和用户接触，工作人员往往缺乏为用户服务的意识，以及了解用户需求的途径，这就更需要采访人员树立为用户服务的意识，尽最大可能满足用户需要，平时注意对用户需求的搜集和分析。

所有图书馆员都应遵守中国图书馆学会于2002年11月通过的《中国图书馆员职业道德准则》，其内容如下：

确立职业观念，履行社会职责。

适应时代需求，勇于开拓创新。

真诚服务用户，文明热情便捷。

维护用户权益，保守用户秘密。

尊重知识产权，促进信息传播。

爱护文献资源，规范职业行为。

努力钻研业务，提高专业素养。

发扬团队精神，树立职业形象。

实践馆际合作，推进资源共享。

拓展社会协作，共建社会文明。

（二）信息素养

采访人员的工作能力应该是综合性的，不光要做专家，还应该做杂家，应该具备以下几点能力。

1. 学科知识

文献选择岗位的人员需要有广博的知识，对某些学科及专业领域有深入学习和掌握。例如，选工程技术类的图书，应了解国际上的新技术、新材料、新方法的发展动态，了解一些比较有名的科学家、科技产品；如果选人文社会科学类的图书，就要了解国外有名的学科带头人、新的学术流派、新的研究方向及热点话题；如果是选文学类的书籍，应该了解国际有名的小说家、文学家、诗人及各种文学流派及其重要代表人等。另外，既然是进入图书馆工作，采访岗位人员也应该了解分类法、版本学、目录学、编目规则等图书馆应知应会的内容。

2. 外语能力

采访人员应该懂得至少一门外语。由于目前英语的普及，很多图书馆员都能读能说。当然如果能学一两种其他国家语言，在遇到外文文献采访工作时，会显得更加游刃有余。

3. 计算机运用能力

选书人员应掌握一定的计算机操作技能，尤其是对办公自动化软件，需要熟练使用。另外在数字资源采访中，应该学习信息检索、信息挖掘、信息采集等计算机技术和方法。在智慧图书馆时代，也要对5G、物联网、区块链、人工智能等新IT技术，有一定的了解。

（三）科研能力

采访工作是实践性非常强的工作，很多时候容易忽视对科研能力的重视和培养。其实很多平时遇到的问题，往往都可以提炼成科研问题。采访人员需要去思考问题、解决问题。科研能力一旦转化为生产力，会迸发出更大的力量，推动业务工作再上台阶，使得采访工作不断焕发新活力。

（四）沟通能力

采访人员需要与图书馆内外各类型人员进行沟通。在图书馆内部，采访人员要涉及与编目、阅览、财务、资产、信息技术等部门的沟通联系；在外部，要涉及与用户、出版社、书商、邮局、银行、海关等部门的沟通联系。无论是文献采访计划的制订，文献出版信息的收集，馆内外协调采访、集团采购的组织和参与，与诸多出版社、书商的业务接洽往来，捐赠文献和交换文献的接收处理等，都要求采访人员有很强的沟通、协调、组织能力，善于同各种不同身份的人打交道。在采访过程中，需要良好的心态和沟通能力，能够与其他上下游一道形成合力，实现共赢。

第二节 文献采访工作流程

一、图书的采访流程

各类型图书馆的图书采访工作流程，也会有所差别，但在一般情况下，签订图书采购合同后，应该至少包括以下几项内容。

（一）获取出版书目信息

出版书目信息的采集工作，包括：收集印刷型、数字型、网络型的出版社年度、月度及新书刊报道目录、在版图书目录、书展目录、交换目录、赠书目录、用户推荐书目等。采访馆员需要在本图书馆的业务管理系统中，将采集到的出版信息转入本馆的集成系统，以便进行查重和遴选。因此，采访人员需要求书商和出版社采用本馆所需的文件格式来提供书目和订单信息。

（二）查重选书

在选书平台或书商目录上，圈选符合收藏条件的文献。通过题名、著者、ISBN 等检索点，在馆藏文献数据库和订购数据库中进行查重对比，初步选中的图书将存入预订书目库，如有需要还可对其进行修改、增删，最后保留决定订购的文献订单数据。

（三）发送订单

发送订单是在整个馆藏文献数据库和订购数据库中进行查重的，对最终确定不重复的文献，在图书馆业务管理系统中，创建书目和订单记录，生成订单，寄发书商正式订购。如果有预算管理功能，还应将预算作为预支记账。逾期未到图书的订单需要定期催询，根据需要一般可采用批量催询和手工催询两种方法进行。

（四）验收登记

验收文献，登记发票。利用书商随书所附的所到文献清单、发票与图书订单相对照，对到馆文献拆箱，按清单对数量、价格、装订、外观等进行验书，在系统中检出书目及订购记录核对，无误后记到并登录到总发票上，盖馆藏章，加贴条码并将信息输入系统中，最后修改单册状态，清点数量移交编目部门。如果所收到的图书与订单不符，则应及时与供书者联系，退换图书，或在决定接受后，对原订单作必要的修改。如果能通过 Z39.50 检索或书商的服务获得详细的编目数据，验收工作人员应尽量利用，以减少编目人员的工作。

（五）报账付款

文献验收完成后，方可办理财务报账手续，报账需提供清单、验收报告、合同、发票等。退书要打印退书清单，可直接减去退书额度，或提供等额的新书进行置换。订单报表、验收报表、纸质及电子销售清单、退书单等，作为部门业务档案进行归档，需要妥善保管。

（六）工作报表统计

在一个阶段，通常为一个月、一个季度、一个自然年或者一个完整年。完成订购任务后，采访人员要做统计报表，定期梳理未到货情况，了解被出版商取消出版的订单情况。另外，一些特殊订单也要做详细的记录。

二、期刊的采访流程

期刊采访工作开始前，采访人员首先要了解本年度的期刊购置经费情况、报刊出版动态、用户对文献的需求等信息，综合调研后，制定出比较完善的订购合同，待与书商签订完采购合同后开始期刊采访工作。期刊采访工作的内容主要包括。

（一）收集征订信息

收集书商的征订目录、出版社的新刊介绍、用户推荐单等信息，为订购工作打好基础。

（二）订购付款

包括年度常规订购和零星订购。

年度订购主要包括以下内容：对于续订和停订的期刊，核对续订单，在续订单上标注续订和停订情况，在订刊卡上标注刊价，续订单返回代理公司。对于新刊，应进行选刊、查重、打订单、送上级领导批准，向代理公司发送订单，打订刊片。在结算时，应核对账单、完成请款报告、经报账流程中领导签字，完成付款事宜。

零星订购主要为临时增订的期刊、交存期刊和交换期刊。

（三）验收登记

验收登记的工作内容为：接包、签收、核对到刊清单、粗分上架、下架细排、记到、加盖馆藏章、送相关阅览室。对于未编目的期刊，应先交编目人员编目，编目后再记到。

（四）期刊催缺

催缺工作的内容包括年度催缺和日常催缺。年度催缺工作实际上是批催缺，一般一年进行两次。订刊前的催缺可以为下一年度报刊的订购提供参考依据。年中的催缺可以了解到刊情况，如有问题可及时与代理公司或出版社协调。日常催缺工作应该由记到人员来做，当发现有期刊有缺期时要填写催缺单，填写后交采访人员向中标书商或出版社催缺。

（五）工作报表统计

在一个阶段完成订购任务后，要做统计报表，方式与图书接近。在完成下一年度的订购工作后要做出订刊总结。主要内容包括：本年度所订期刊的品种、数量、学科分布、语种分布、经费使用情况、期刊的调整情况等。订刊总结应作为业务档案，妥善保留。

三、数字资源的采访流程

本节以文献数据库、电子图书、电子期刊等数字资源的采购流程为例进行说明。

（一）收集出版信息

图书馆需要充分了解拟采购的数字资源和供应商的各种相关信息，包括数字资源介绍、内容的更新速度、与已引进的同类数字资源的重复情况、数字资源在其他图书馆的使用情况、价格模式、访问方式、存档和长期保存情况、售后服务、供应商的能力与信誉等内容。

（二）数字资源试用

一般供应商都会提供一个月到半年不等的试用机会，试用的目的是了解数字资源的使用情况，以及用户反馈。试用前要做好宣传工作，吸引和鼓励各类型用户参与试用，以便征询得到不同用户群体的客观意见。试用期结束后，图书馆要系统收集用户的各方面意见，包括正面意见和反面意见，形成客观而翔实的文献试用评估报告，供下一步的商务谈判使用。

（三）签订合同和付款

采访人员根据本馆性质、用户需求、试用反馈，跟供应商确定具体数字资源的采购模式，明确双方的权利和义务，商定采购价格，完成文献采购合同签订，以及付款事宜。

电子图书的采购要比数据库的采购烦琐一些，往常在选书平台中，根据下载的书商出版数据进行选书，遴选好之后，需要填写书目订单，发送给中标书商或者供应商，采购人员要跟踪供应商对订单的执行情况，如供应商是否正确地收到订单，付款是否已收到，相关数字资源是否开通相关服务。

（四）工作报表统计

与图书、期刊等采购流程相似，在一阶段完成订购任务后，要做月度或者年度统计报表，详细记录数字资源的利用情况。由于数字资源的利用情况，往往掌握在供应商的手中，需要依据 SUSHI 协议，自动去书商官网下载（或者直接跟书商索要）符合 COUTER 标准的数字资源利用报告。因此当图书馆拿到各类书商提供的各式各样、标准不统一的报告后，更需要认真汇总、归一化整理，分析相关记录。

第三节　文献购置项目的预算、分配和评估

所谓文献购置项目的预算、分配和评估，是为了有效开展图书馆文献采访，保持文献经费使用的连续性，避免文献经费使用的盲目性，保证馆藏质量的一种管理手段，是以馆藏发展政策为基本依据，确定一定时期内（通常以财政年度为单位）文献购置管理的工作程序、采购经费的预算依据、分配原则方法，以及项目的绩效评估等。

一、项目预算和分配的工作程序

文献购置项目的预算和分配，一般由图书馆馆长或分管文献资源建设的副馆长牵头，吸收相关部门和相关科组人员，以及馆外相关专家参加。具体工作程序是：

①有关影响文献经费预算与分配因素变化情况的调查、收集、分析和研究。

②根据文献经费分配模型，拟定文献经费预算与分配方案草案。

③征求文献采访部门的意见，并据之修改完善。

④方案通过后，由文献采访部门负责落实。

⑤每一财政年度结束时，对文献购置项目进行绩效评估，并根据绩效评估结果，对下一年度文献购置项目的分配方案进行调整和优化。

二、文献经费预算的依据

文献经费预算是指图书馆运行预算中用于购买图书、期刊、数据库、网络文献、视听文献、缩微文献等文献资源，不包括人员工资、购置设备、耗材、业务办公用品和维修的开支。

图书馆文献经费预算一般是根据往年的预算历史统计数据，以及文献出版价格年增长幅度、人民币对外币汇率变化、关税和增值税等支出变化等，对本年度的文献经费进行估算，并按一定的比例进行分配。

具体依据如下：

①对上一年度或近三年文献购置经费使用，进行统计分析。

②对上一年度用户对资源的利用情况和评价情况，进行统计分析。

③对上一年度或近三年不同学科、不同载体、不同语种、不同类型的文献数量、价格进行分析。

三、文献经费分配的原则

文献经费分配是图书馆对于购置文献资源的各种经费，按一定标准对不同类型、不同载体、不同学科、不同语种等文献资源经费数量进行划分，分配的具体原则如下：

（1）重点保障原则。经费的预算与分配必须与特色馆藏、重要馆藏、重点保障学科的目标与规划相一致。

（2）合理布局原则。文献经费分配需要关注三个重要比例：图书、期刊、数据库之间的经费比例；中文文献和外文文献的经费比例；印本资源和数字资源的经费比例。各类型资源在整个馆藏发展体系中互为补充，这种互补性反映在文献经费预算和分配上应该有一个适当的比例。从学科来看，应兼顾文献资源学科门类和专业分布的均衡性。各学科门类的文献经费分配应该保持一定的比例。从语种来看，应选择各语种的优势学科、各国家的优势领域。

（3）藏为所用原则。依据所服务对象的文献需求，来进行文献经费的预算设定与分配。根据印本资源流通率高、数字资源访问量高的原则，实行经费的划分。对于用户的新需求，可以适量采购一些新学科、新知识、新产品，以适应用户需求的快速变化。在经费分配之前应保留一定比例的预留资金，不参与经费分配。用这部分经费来平衡综合的、急需的、新增设学科的文献资源。

四、购置项目的绩效评估

每年年终应对本年度文献购置项目的完成情况进行绩效评估。要统计预期目标完成情况，是否出现大量经费的结余或超支，并说明结余式超支的原因；了解采购文献质量是否达到采访原则和规划要求。

一般需要考虑投入指标、产出指标和效益指标三方面内容。

（1）投入指标。项目的申请、设立过程是否符合相关的规范要求，用实际到位资金与计划投入资金的比率，来确定资金落实情况，对项目实施的总体保障程度。

（2）产出指标。文献采购的数量指标、质量指标、到货率情况、成本节约情况。是否严格按照招标合同执行，是否按照预算执行计划完成，所采购文献资源的各项量化指标是否都已达标。如有超量或者减少超过 10% 的，应该说明变化的原委。

（3）效益指标。项目实施对经济发展、社会发展所带来的直接或间接影响情况，以及社会公众、法定服务对象对项目实施效果的满意程度和投诉情况。

第四节　文献采访工作的绩效评估

一、图书馆绩效评估

图书馆采访工作的绩效评估内容是指：图书馆通过科学的评估制度规范、指导原则、体系标准、方法技术，对图书馆文献采访业务全流程的人力、物力、经费投入、用户满意度、社会效益等进行全面检测、分析和评估的过程，通过评估来优化馆藏结构，合理安排购书经费使用，为提高文献信息资源保障能力、为制定图书馆战略规划和馆藏发展政策等提供客观依据。

2019年3月，国际标准化组织基于国际标准《信息和文献——图书馆绩效指标》（ISO11620：2018）和《信息和文献——评估图书馆影响的方法和程序》（ISO16439：2014），推出适用于国家图书馆的绩效评估体系《信息与文献——国家图书馆质量评估》（ISO21248：2019）[1]。该标准规定并描述了国家图书馆的绩效评估方法和影响力评估方法，并定义了34项国家图书馆绩效评价指标，涵盖馆藏、国家书目、文化活动和社会教育等各项业务领域。毛雅君认为图书馆可依据该国际标准，建立与其总体目标，特别是与文献信息资源建设原则相一致的文献信息资源评估指标体系的时机已经成熟[2]。这些指标包括馆藏、国家书目、文化活动、社会教育共4大项内容，按照平衡计分卡法进行了绩效评估指标体系的构建。

在建立图书馆文献资源绩效评估体系的基础上，注重吸收近些年国内外一些其他重要的标准、方法和成果，例如，ISO11620图书馆绩效评估的系列标准[3]、CALIS数字资源评估指标体系[4]、公共图书馆历次评估内容[5]、美国国家医学图书馆、美国研究图书馆学会（Association of Research Libraries，ARL）、美国大学与研究图书馆协会（Association of College and Research Libraries，ACRL）的评估研究方法，以及其他一些重要学者的学术研究成果，比如南京大学叶继元教授的全评价理论[6]、国家图书馆平安提出的“质用价”馆藏评估理论[7]等。

---

[1] ISO21248:2019 Information and documentation quality assessment for national libraries［EB/OL］.（2019-03-01）［2022-03-23］.https://www.iso.org/standard/70233.html.

[2] 毛雅君．国家图书馆文献信息资源建设的回顾与思考［J］．国家图书馆学刊，2019（5）：13-19.

[3] 余胜．关于图书馆绩效评估的研究与实践［J］．中国图书馆学报，2006（4）：102-105.

[4] 肖珑，李浩凌，徐成．CALIS数字资源评估指标体系及其应用指南［J］．大学图书馆学报，2008（3）：3-9+18.

[5] 申晓娟，王秀香．《公共图书馆评估指标》系列标准解读［J］．图书馆，2015，（8）：1-6.

[6] 叶继元．人文社会科学评价体系探讨［J］．南京大学学报：哲学人文科学社会科学，2010（1）：97-110.

[7] PING AN. An empirical study of collection assessment based on the quality - utility - value theory［EB/OL］.（2022-06-13）［2022-06-23］.https://doi.org/10.1108/LM-01-2022-0004.

二、采访工作绩效评估指标体系的设计方法

（一）绩效评估指标的遴选原则

（1）系统性原则。评价指标体系必须全面反映供应商的现有状况和综合水平，并包括供应商发展前景的各方面指标。

（2）代表性原则。选择指标时应尽量做到简单明了，所选指标应具有较强的代表性和综合性，即在满足系统性原则的前提下，所选指标数目应尽可能少。这样，一方面便于评价者从复杂的信息中理清头绪，抓住关键；另一方面便于计算分析，并使方案间的权衡和选择工作易于进行。

（3）适用性原则。选择指标时应尽量采用采购工作范围内常用的指标，以使指标的针对性强，便于采集数据资料。

（4）可比较性原则。评价指标应选择具有横向可比的竞争性指标，不具有竞争性但又必须满足要求的指标可以作为资格审查项。

（二）指标体系的设计方法

完整的评价指标体系应该包括评价指标、权重、评分标准三部分。图书馆应该根据本馆文献采购的实际需要确定评价指标、权重和评分标准。一般可以采用专家法，也叫德尔菲（Delphi）法建立评价指标。

（1）提出初步评价指标。分析图书馆对招标工作和供应商的要求，依据评价指标体系的建立原则提出初步评价指标，指标力求全面，能够反映采访工作各方面要求。

（2）针对初步评价指标设计调查问卷。调查问卷用于向专家咨询评价指标对采访工作的影响程度。

（3）选定咨询专家。选定的专家应具有一定的专业知识和较丰富的文献采购实践经验。

（4）专家咨询。根据德尔菲法的操作步骤向专家发放调查问卷，并对调查结果进行统计分析。

（5）确定最终评价指标。根据德尔菲法的统计分析结果，筛选掉不重要的指标，确定出最终的评价指标。

（三）评价指标权重的设置

指标建立之后，应为各指标设置合理的权重，使各指标发挥应有的作用。评价指标权重的设置可以采用层次分析法。具体如下。

（1）设计专家打分表。在计分方法上按照层次分析法的“9 分度量法”，分值的范围为 1 ~ 9 分，揭示该指标在招标工作中的重要程度。

（2）选定专家。选定的专家应该是具有一定的专业知识和丰富的实践经验，且对文献采购招标工作特别了解。

（3）专家打分。让专家为每一指标在招标工作中的重要性进行打分，可得到各指标在招标工作中的相对重要性分值。

（4）计算各指标的权重。收集各专家的打分表，根据层次分析法的计算方法可以得出各指标的权重 A。

（5）评分标准的规定。根据图书馆实际情况和评估目标，为每一指标设置相应的评分标准，可以采用百分制。对照评分标准，进行实际评分 B，最后每个指标的加权得分（评分 B× 权重 A）即为该指标的最终得分。

（四）绩效评估指标体系的基本内容

对于评价指标体系框架的构建研究，国内通常采用层级式指标体系，即几个一级指标，每个一级指标下包括多个二级指标，每个二级指标下可能又包括多个三级指标，还有可能再向下细分，这种框架有利于明确所有评价指标的内在联系，同时又为定量评价过程中的权重计算或设置提供可能。

本节最后确定的指标体系包括文献购置项目指标、采访业务加工能力指标、采访人员培养成长指标共 3 个一级指标、7 个二级指标、16 个三级指标。如表 7–1 所示。

表 7–1　采访工作绩效评估的三级指标体系

一级指标	二级指标	三级指标
A1 文献购置项目指标	B1 投入	C1 项目制定规范性
		C2 资金到位程度
	B2 产出	C3 采购数量
		C4 采购质量

续表 7-1

一级指标	二级指标	三级指标
A1 文献购置项目指标	B2 产出	C5 到货率
		C6 书商合同履约程度
	B3 效益	C7 经济效益
		C8 社会效益
		C9 用户满意度
A2 采访业务加工指标	B4 岗位设置	C10 岗位设置分配合理性
	B5 业务能力	C11 采访人员分工合理性
		C12 采访人员业务质量
		C13 采访人员工作效率
A3 采访人员培养成长指标	B6 科研能力	C14 科研课题项目参与情况
		C15 科研成果（著作和论文等）发表情况
	B7 参加培训学习能力	C16 参加学术会议和培训次数

第八章 如何拥抱智慧图书馆时代

文献资源采访与现在热议的智慧图书馆之间到底是什么关系？智慧图书馆时代，文献资源采访工作该如何开展？这是当下图书馆采访馆员非常关心的话题。本章就从智慧图书馆的定义，以及IT技术与图书馆之间的关系入手，明确文献资源采访在智慧图书馆中的定位，介绍下一代图书馆业务管理平台和智慧选书平台。

第一节 什么是智慧图书馆

随着人工智能、物联网、云计算技术的兴起，国内外图书馆人开始关注一个新兴事物——智慧图书馆，智慧图书馆成为当下最热门的话题之一。[1]早先国内外研究者主要从IT技术的角度探讨智慧图书馆，随着人工智能技术和人文理念的不断结合，智慧图书馆的概念和研究范式也逐渐清晰起来。[2]

北京大学信息管理学院刘兹恒教授认为：智慧图书馆是在物联网的环境下，以云计算技术为基础，以智慧化设备为手段，实现书书相连、书人相连、人人相连，为用户提供智慧化服务的图书馆。[3]数字化、网络化和智能化是智慧图书馆的技术支撑，人、物互联是智慧图书馆的核心构成，而智慧图书馆的精髓是实现由信息服务、知识服务向智慧服务的提升，以满足用户日益增长和不断变化的需求。

---

[1] 饶权．现代图书馆越来越“智慧”［N］．人民日报，2020-11-13（20）．

[2] 初景利，段美珍．从智能图书馆到智慧图书馆［J］．国家图书馆学刊，2019，28（1）：7.

[3] 刘兹恒．智慧图书馆与智慧图书馆员［N］．图书馆报，2019-06-21（5）．

上海图书馆副馆长刘炜认为，智慧图书馆是大数据时代图书馆服务的一种状态，提供智慧服务的图书馆就是智慧图书馆。[1]智慧图书馆是数字图书馆技术应用发展到一定阶段的自然属性，信息技术应用的高级形态就是智能化，一个智能化的图书馆反映在服务上就是智慧图书馆。智慧图书馆汇集了管理、业务和服务三方面的智慧，最重要的是人的智慧在三方面的结晶。

文化和旅游部副部长，原国家图书馆馆长饶权认为，智慧图书馆不只是一种适应技术变革的图书馆新发展形态，同时更是一种面向未来的图书馆新发展理念。[2]它一方面要求图书馆应用智慧化技术手段进一步提高管理水平和服务效率，为用户获取知识信息提供更加便捷高效的支持；另一方面突出强调图书馆应当立足人的智慧活动需求，主动提供更加专业、精准的知识信息服务。其核心在于广泛应用5G、大数据、云计算、区块链、人工智能等“技术智慧”，大力提升知识组织、加工、存储、传播、服务等领域的“图书馆智慧”，以全面激活创新创造过程中的“用户智慧”，最终服务于智慧社会的建设与发展。

华中师范大学的馆长李玉海认为，智慧图书馆是以物联网、大数据、智能计算等设备和技术为基础，以便将智能感知、计算融入图书馆专业化管理过程，为用户提供所需的文献资源、知识服务及特色文化空间的虚实融合图书馆。[3]

在智慧图书馆应用场景下，全智能化24小时自助图书馆引入了图像识别、语音识别、人脸识别、用户行为分析等智能化功能，实现了24小时全智能化远程管理。融合了机器人技术、人工智能技术、物联网技术的智能图书盘点机器人，可以定时自动进行图书盘点，可以解放大量劳动力。智慧图书馆业务管理系统，实现智能辅助选书功能、辅助编目功能、智能上架下架、盘点、报表统计等，覆盖采编阅藏全周期全流程管理等。

---

[1] 刘炜．建设开放、智慧、包容的第三代图书馆［N］．图书馆报，2019-06-21（5）．

[2] 饶权．全国智慧图书馆体系：开启图书馆智慧化转型新篇章［J］．中国图书馆学报，2021（1）：4-14.

[3] 李玉海，金喆，李佳会，等．我国智慧图书馆建设面临的五大问题［J］．中国图书馆学报，2020（2）：17-26.

第二节　文献资源采访和智慧图书馆之间的关系

在了解了什么是智慧图书馆之后，需要进一步了解科技与图书馆之间的关系，尤其是人工智能如何赋能图书馆采访工作，这样就很容易把握文献资源采访与智慧图书馆之间的关系。

一、科学技术与图书馆

（一）科学技术是推动图书馆变革发展的驱动力

科学技术是第一生产力，科学技术是图书馆发展的核心驱动力。21 世纪，全球进入到了一个信息化、网络化、数字化的新时代，现代信息技术正在以前所未有的速度迅猛发展，并以其强大的渗透力影响着社会的各个领域，对图书馆产生了深远的影响。

随着 5G 技术、云计算、物联网、人工智能、大数据、区块链等先进 IT 技术的快速发展，信息技术对经济社会发展的叠加倍增作用日益凸显。数字社会、数字中国、数字图书馆、智慧图书馆的建设步伐进一步加快。知识信息服务模式不断更新，迫切要求图书馆积极利用各种信息技术，积极推进资源、服务、设施、管理等领域的全面数字化、智慧化转型。

（二）科学技术是手段，而不是图书馆发展的目的

当前新科学技术层出不穷，从云计算到物联网，从人工智能到元宇宙，新技术是图书馆实现自身愿景与目标的加速器，图书馆积极拥抱新技术，积极吸纳和应用新技术。在这一阶段，图书馆既要跟踪掌控新技术，又要注意不能成为新技术的奴隶。始终坚持新技术是为提升图书馆核心竞争力服务的，是为提升图书馆用户体验服务的。要注重新技术应用的实际效果和长远效益，不需要赶时髦。绝不能本末倒置，将新技术凌驾于图书馆之上，带偏图书馆发展方向。

（三）理性看待人工智能技术

人工智能（Artificial Intelligence，AI）是研究、开发用于模拟、延伸和扩展人的智能的理论、方法、技术及应用系统的一门新的技术科学。人工智能是一门综合性学科，总的来说，可以划分为模式识别、机器学习和智能算法、数据挖掘和智能决策、人机交互和机器人技术等很多分支。

人工智能是根据对环境的感知，做出合理的行动，并获得最大收益的计算机程序。人工智能是机器（软硬件）能根据分配的任务或规定的目标，自动对各种媒介的信息内容（数据、知识等）进行输入（感知识别）、加工整理、分析、决策、输出，并能自主进行反应（反馈与互动）与操控等。

人工智能目前在图像识别、自然语言翻译、智能搜索、自动驾驶、智能医疗保健、机器人等领域已取得了广泛应用，图书情报专业根据自己的学科特点，很早就开始了思考人工智能在图书情报应用的可能性。

《国际图联趋势报告》将人工智能列为四大技术趋势之一。澳门大学图书馆馆长，原上海图书馆馆长吴建中提出图书馆可以借力人工智能在以下三个方面有所作为：一是加大自然语言检索的研究，并探索图书馆学情报学方法在自然语言中的移植和实现途径；二是提升内容的智能分析能力；三是探索提升图书馆服务效能的研究与实践。[1]智能识别（图像识别、语音识别、其他感知技术）、智能处理（组织、分析）、智能服务（检索、推荐、咨询）是人工智能对图书馆的主要影响方向，特别是在数字资源处理与服务方面将产生更大的变革。

贾森·格里菲在其《2019年图书馆技术报告》中认为，人工智能和机器学习是强大的工具，但是如果不小心，它们可能会表现出算法的偏见，侵蚀隐私和知识自由，并且有可能加强当代媒体中存在的那种认知偏见和信息过滤。[2]他认为，本地化的机器学习和人工智能环境允许图书馆审查训练数据和计算过程，以确保数据中存在的偏见不会通过这些过程被放大，专业的价值观

---

[1] 吴建中．再议图书馆发展的十个热门话题［J］．中国图书馆学报，2017，43（4）：14.

[2] JASON GRIFFEY. Library Technology Reports:Artificial Intelligence and Machine Learning in Libraries［EB/OL］.（2019-01-05）［2022-03-23］.https://doi.org/10.5860/ltr.55n1.

在数据收集和计算过程中得到体现。

IFLA 关于人工智能的声明，认为人工智能技术可以具有深刻的变革能力，它们的力量可以为公共福利和创新服务。[1]只要做好必要的准备，并考虑到伦理问题和当前的局限性，图书馆可以负责任地利用人工智能技术来推进其社会使命的实现。人工智能和机器学习有可能为图书馆的知识管理过程增加新的维度和方法——特别是知识组织和整合。当与机器人技术结合时，人工智能可能能够为服务提供新的维度。虽然在某些情况下，人工智能可能会被用于自动化一些现有的图书馆服务，如聊天机器人或搜索和发现工具等人工智能应用，但应注意防止对服务质量和人员配置的负面影响。

近年来，国内外一些图书馆率先在空间规划、场馆建设、业务管理和服务创新等的智慧化方面进行了积极探索，在文献自动分拣传输、人脸识别、机器人导览等领域人工智能技术应用取得积极进展，有效提升了业务管理运行效率和用户线上线下学习阅读体验。然而，这些探索大多还只是零星应用于图书馆业务的单个环节，还缺少全面的统筹规划，尚未实现对图书馆核心业务的全面升级。未来人工智能在图书馆的实践和应用还有很长的一段路要走。现在的很多人工智能技术并没有理论和方法上的重大突破，而仅仅是搭上了计算机运算能力、网络速度大幅提升的快车。

尽管人工智能技术比以往的新技术有更强大的创造力和颠覆力，但它毕竟还是一项技术，只是人们实现某种目的的工具或手段。目前国际人工智能专家们已达成共识，在相当长的时间里，只进行弱人工智能的研究和应用，不搞强人工智能和超人工智能。只有对人工智能技术进行科学伦理和规范的教育，才能更加安全地为人类所用。

（四）科学技术与图书馆的关系三定律

机器人作为人工智能技术的结晶，一直以来得到人们的重点关注。人们对于机器人的设计和开发，要求其遵守机器人三定律：

---

[1] 国际图联关于图书馆与人工智能的声明［EB/OL］（2020-09-17）［2022-04-2］https：//www.ifla.org/files/assets/faife/ifla_statement_on_libraries_and_artificial_intelligence.pdf.

①不能伤害人类，如果人类遇到麻烦，要主动帮助。

②在不违背第一定律的前提下，服从人类的指令。

③在不违背第一和第二定律的前提下，保护好自己。

效仿以上机器人三定律，可以创造出图书馆与科学技术（人工智能技术等都适用）的关系三定律：

①科学技术是为提升图书馆核心竞争力服务的，是为提升图书馆用户体验服务的。

②科学技术的应用要量力而行，服从客观规律。

③在不违背第一和第二定律的前提下，图书馆应该勇于尝试科学技术。

二、科学技术对图书馆文献资源采访的影响

（一）科学技术推动图书馆文献资源采访更新换代

20世纪80年代至今，图书馆自动化集成系统不断更新[1]，向大规模集成化和网络化发展，软件系统的商业化运作日趋成熟，致力于图书馆自动化集成系统开发的公司竞争日渐激烈，出现了以艾利贝斯公司的ALEPH系统、金盘图书馆集成管理系统、丹诚图书馆集成系统为代表的系统软件。除了这些国内外的知名企业和产品外，图书馆自动化集成领域的付费商业软件和免费开源软件产品一直层出不穷。

采访业务模块一直作为图书馆自动化集成系统的一个主要组成部分。图书馆文献资源采访自动化、智能化、网络化是社会信息化发展进程的必然结果，是图书馆采访工作的必然趋势。

当然我们也看到，新冠肺炎疫情给图书馆技术行业带来了相当大的干扰，图书馆自动化集成系统行业的进一步整合是不可避免的。图书馆财政经费压力可能对自动化集成系统的更迭速度产生影响。在未来一段时间内，人们对建立在核心自动化系统基础上的、与图书馆战略规划相一致的子产品、子模块充满兴趣，比如智能选书模块，馆藏资源评估模块等。

---

[1] 顾犇．国家图书馆外文图书采编工作自动化的历史和展望［J］．国家图书馆学刊，2002，11（2）．

（二）图书馆文献资源采访需要信息技术提升效能

图书馆亟需充分发挥作为文献资源中介的优势，打造面向未来的下一代图书馆业务管理系统，通过技术手段打通图书馆业务流程，重构适应时代发展的业务架构与管理体系，支持多来源、多类型、多载体文献资源的全流程统一管理，支持多种元数据标准，支持关联数据，实现数据融合与语义检索服务，促进采访业务的全面智慧化升级，支持采访业务面上的智能选书模块、订单处理模块、经费管理模块、业务统计分析模块的开发。

文献资源采访业务的升级提效，首先是要实现高效选书和订购。图书馆可以通过大数据技术、知识图谱分析工具、数据挖掘算法和工具，开发新一代的文献资源采访平台，实现智能选书功能，进行印本和数字资源的自动对比、查重补缺、订单生产、书目评价等，全面快速地掌握出版信息、实现馆藏信息的动态可视化分析，并依托业务管理系统，挖掘用户利用中的有效信息。未来如何将出版社、馆配商、图书馆联系到一起，形成从文献出版、订购、前置编目到馆藏入库的一体化智能化解决方案，成为文献资源采访技术升级的重点方向。

三、智慧图书馆时代的文献资源采访

智慧图书馆时代的文献资源采访，它既不是凭空出现的，也不能割裂其与传统文献资源采访的关系，智慧图书馆是数字图书馆的高级阶段。智慧图书馆时代的文献资源采访是对传统文献资源采访的继承与发展，这种发展更多地体现为融合、重塑和创新。

文献资源转型不是要从印刷型走向数字型，也不是相反，重走印刷型的老路，而是要求我们超越载体，把重心放在内容上。[1]智慧图书馆时代仍然是“资源为王”，只有不断满足用户需求，提供更加智慧化、人性化的服务，才是真正的“智慧”图书馆。

---

[1] 吴建中．贯彻新发展理念 推动高质量发展——新一轮图书馆事业发展的主基调［J］．图书与情报．2020（6）：73-76.

从传统图书馆到数字图书馆，再到数字图书馆的更高级形式——智慧图书馆，智慧社会带给图书馆新的历史机遇与时代挑战。随着智慧图书馆时代的来临，“人工智能拯救图书馆，数字资源替代印本资源，图书馆可以脱胎换骨，图书馆需要转型发展”的声音不绝于耳。图书馆人需要辨伪存真、把握机遇、迎接挑战，既不能好高骛远，也不能故步自封。

无论智慧图书馆有多么智慧，归根结底它仍然还是一个通过对文献资源的搜集、组织、保存、服务等系列活动，促进文化、教育、科学等多种知识的传播和利用，达到传承文明、服务社会的目的。无论智慧图书馆提供的服务有多么的智慧，仍然要以对文献资源的建设和组织作为基础，没有资源的采集和整合，服务将无法开展。

国际图联《发展与信息获取2019》报告指出虽然随着数据时代的到来，图书馆会发生重大变革，但其提供文献资源的核心使命，可以说比以往任何时候都更加重要。[1]图书馆只有立足于这个使命，才能长久存在。教育部印发的《普通高等学校图书馆规程》中，文献资源采访位列图书馆四大主要任务之首。多数有识之士强调文献资源采访在学校“双一流”建设中的重要性，如中山大学程焕文教授指出，在配合学校“双一流”建设的背景下，高校图书馆发展的根本仍在于资源。教授程焕文的“资源为王”[2]，南开大学的教授柯平的“文献资源是图书馆建设之本”[3]，国家图书馆研究馆员顾犇的“采访工作是图书馆最基础的工作”[4]，都强调资源建设是图书馆得以存在和发展的前提和条件。因此无论在什么时代，数字时代也好、智慧时代也好，文献资源采访依然是图书馆的核心基本业务，是图书馆服务的基础保障。

---

❶ 高大伟，许丽丽.国际图联《2019年发展与信息获取报告》解读与启示［J］.情报探索，2020，272（6）：122-126.

❷ 程焕文，赵冬梅.资源为王 服务为本 技术为用——程焕文谈高校图书馆管理的理念［J］.晋图学刊，2020，176（1）：4-13.

❸ 柯平.文献资源是图书馆建设之本［N］.图书馆报，2018-07-23（2）.

❹ 顾犇.图书馆采访工作随想［N］.图书馆报，2020-12-25（3）.

第三节 下一代图书馆业务管理系统

一、从 ILS 到 LSP

（一）图书馆自动化集成系统

图书馆自动化系统（library automation system）：是指应用计算机技术对图书馆的文献采购、编目流通、连续出版物和书目检索等业务工作进行自动化管理的软件系统。

图书馆自动化集成系统（integrated library system，ILS）：是指由多个子系统共享数据库资源，以提供具有内在联系的信息和集成服务的图书馆自动化系统。

现代图书馆的重要技术支撑就是图书馆自动化集成管理系统，正是以这个 ILS 系统为基础，传统图书馆才进入了现代化时代。然而随着现实应用需求的变化，图书馆发展过程中原有的纸质馆藏管理系统弊端显现，需要新的平台来接管各种馆藏对象管理需求。

近年来，很多高校图书馆已经在面向纸质馆藏的集成图书馆系统后发生了令人震惊的转变，取而代之的是采用旨在管理所有馆藏格式的图书馆服务平台（LSP）。针对高校图书馆的 ILS 产品（如 ALEPH 和 Voyager）的安装量正在迅速下降。[1]

（二）图书服务平台

图书服务平台（library sevice platform，LSP），是为图书馆及其用户提供全面服务的系统平台。这个概念的提出，就是为了寻找替代 ILS 产品的，所以很快就得到了业界的热捧。

LSP 具有以下特点：

---

[1] Marshall Breeding 2021 Library Systems Report Fresh opportunities amid consolidation [EB/OL] .（2021-05-03）[2022-03-23] . https：//americanlibrariesmagazine.org/2021/05/03/2021-library-systems-report.

（1）多种载体类型资源的集成。实现了纸质资源及数字资源的一体化管理。

（2）支持多种元数据描述标准。支持 MARC、DC、DCTERMS、RDA 多种元数据标准。支持关联数据，可以实现资源发现服务，可以实现数据融合与语义检索服务，以及异构数据库系统的关联访问。

（3）多终端平台展现。通过前后端分离技术，将手机移动端、个人电脑终端、电视端等连接起来，形成全媒体资源的服务操作。

（4）支持云部署和本地部署。架构于云系统环境上，便于系统信息的传递、维护、存储、备份等，实现图书馆文献资源的共建共享，以及文献传递和馆际互借等业务工作的开展。

（5）推动新的生态服务环境。基于社交网络服务，推动用户生成内容（user generated content，UGC），为用户提供新兴的网络信息资源创作与组织模式，实现信息资源的增值和传播，增加图书馆生态社区的黏性和影响力。

（6）统计分析和决策规划。通过实时的数据分析，支持图书馆的文献采购数据分析、资源使用分析和用户需求分析，为图书馆发展的战略规划和馆藏发展政策制定，提供客观依据。

二、下一代图书馆业务管理系统介绍

围绕下一代图书馆业务管理系统的开发和应用，已然成为图书馆界讨论的焦点。[1]

（一）FOLIO 系统

FOLIO 是 future of libraries is open 的缩写，FOLIO 的核心目标是建设一个开源的、基于云服务的应用程序框架，能够实现不同开发团队之间的协作。[2]它被设计为一个能够将供应商、图书馆和用户的体验提升到前所未有水平的

---

[1] 邵波，张文竹．下一代图书馆系统平台的实践与思考［J］．图书情报工作，2019，63（1）：7.

[2] FOLIO | The Future of Libraries Is Open［EB/OL］．（2020-01-20）［2022-03-23］．https：//www.folio.org/platform/.

产品。国内一些高校图书馆和公共图书馆将 FOLIO 视为一个“创新平台”，在这个平台上，图书馆员和软件开发人员可以一起工作来构建新的图书馆服务。这几年已经不断跟踪 FOLIO 及其生态社区的发展，并不断学习和吸收其精华，打造属于自己的技术系统，并取得了一系列的成果。

FOLIO 是一个基于灵活扩展的开源图书馆管理系统，按需提供不同的模块。它突出以下四点特性：真正的“下一代”系统应该以用户为中心，能够便利地使用和访问馆藏资源，与其他机构平台相互集成，提供现代化的商业智能。

尽管来自 ALMA 的竞争非常激烈，但 FOLIO 至少在大学图书馆领域占有一定的份额。它的成功将取决于满足其发展基准和早期采用者的良好成果。EBSCO FOLIO 服务于 2020 年启动。EBSCO 是参与推进开源 FOLIO LSP 的主要组织之一，面对来自其主要竞争对手艾利贝斯公司的 ALMA 产品的巨大竞争，EBSCO 通过金融投资、直接开发和营销为 FOLIO 提供全力支持，以面对 ALMA 和 PRIMO 对 EBSCO 发现服务（EDS）机会的竞争。

（二）NLSP 系统

下一代图书馆服务平台 NLSP 是 Next Library Service Platform 的缩写，它是由南京大学图书馆信息技术团队和相关 IT 公司合作开发的，基于 LSP 的图书馆业务管理平台。相关内容可以访问沈奎林老师的博客和微信公众号内容[1]。

NLSP 技术的特点是：基于多租户的方式提供服务，服务快速部署，快速开通。支持统一的云服务中心部署，无须手动安装维护。微服务架构具有更强的扩展性，在不影响正常服务的情况下提升服务性能。通过服务间的负载均衡机制保持服务的稳定性和高可用性，以及加大并发请求的快速处理。前后端分离架构，支持多终端应用。开放的开发者平台，提供大量 API 接口进行业务的定制。提供文件存储管理，保证快速便捷地存取及管理小文件。

（三）CLSP 系统

CALIS 图书馆服务平台 CLSP 是 CALIS Library Service Platform 的缩写。北

---

[1] 沈奎林．智慧图书馆建设思考与实践［J］．大学图书情报学刊，2022，40（1）：8.

京大学原图书馆馆长朱强认为："当前图书馆对其管理系统的发展无话语权，系统与数据开发商对数据库和系统的垄断极大地限制了我国图书馆的发展，因此高校图书馆应该组成联盟，自主研发服务系统，加大自主权和议价权，从根本上改变图书馆管理系统的发展现状。"

因此从 2018 年开始，以北京大学、上海交通大学为首的高校开始基于 FOLIO 系统，打造高校联盟的 LSP 系统：CLSP 系统，即 CALIS 新一代图书馆服务平台。这两年重点对公共服务平台、图书馆 SaaS 服务平台、基础支撑平台、App 集成、CLSP 平台的社区联盟、开发者联盟的各项工作正在有序开展中。

（四）云翰系统

以上海图书馆为首的一些图书馆和商业公司进行深度合作，秉着图书馆向智慧转型升级需要开放的理念，依托共享的平台和先进的技术，打造了"云瀚"系统[1]，它是基于目前国际最先进的开源技术和云原生架构，采用自主可控的产品路线，自主研发的下一代图书馆服务中文平台。云瀚是 FOLIO 的中国化和本土化，它既是下一代图书馆服务平台，又是一套取代传统图书馆集成管理系统的应用组件，同时也是一个以开放理念运行的开源社区。云瀚将以智慧图书馆技术应用联盟为依托，探索开放的社区运作模式，建立产业生态，致力于本地化产品和服务的完善与提高，以助力中国图书馆走向智慧时代。

（五）ALMA LSP 系统

艾利贝斯公司（Ex Libris）是学术和研究图书馆的领先技术提供商。随着高校图书馆转向能够管理大量数字资源的平台，艾利贝斯公司的拳头产品 ALMA LSP 已成为领先的竞争者。2019 年，艾利贝斯公司为 ALMA 签订了 102 份合同，总安装量增至 1769 台。其中许多合同是为大型图书馆系统签订的。2020 年艾利贝斯公司的 ALMA LSP 在新的一年中继续强劲销售、保持增长。它的 114 个新合同将安装量扩大到 2037 个，几乎是三年前的 1095 个的两倍。现在，41 个国家和地区的图书馆都使用 ALMA LSP。

---

[1] 刘炜，嵇婷．"云瀚"与智慧图书馆：以开放创造未来［J］．中国图书馆学报，2021，47（6）：12.

（六）OCLC 的 WorldShare 系统

OCLC 是图书馆技术行业最大的非营利组织，除了编目、资源共享和其他合作服务外，还开发和支持许多产品。这些服务产品包括针对各类型客户的 WorldShare 管理服务（WMS）、针对大学图书馆的 LSP，以及针对公共图书馆的 OCLC Wise。OCLC 的 WorldShare 管理服务（WMS）继续在图书馆中获得收益。大学图书馆的 LSP 利用庞大的 WorldCat 书目数据库，避免了下载和维护本地记录的需要，用馆藏的同步化来提供简化的工作流程。OCLC 已开始将更名为 OCLC Wise 的 bicatWise 定位为公共图书馆的战略产品，为进一步发展和引进全球公共图书馆市场提供了坚实的基础。OCLC Wise 包括标准的 ILS 功能，以及增强用户参与度，简化活动管理，和使用消息传递工具，来支持图书馆服务。

三、采访功能模块的具体需求

不同类型图书馆有着不同的采访业务需求，因此对文献采访软件系统的要求也有所不同，需要向软件开发商对 ILS 或者 LSP 中采访模块的功能提出具体要求，本节将采访模块的基本需求做简单介绍，采访模块功能的总体需求是：

①系统必须具备适用于多语种、多币种和各种文献载体（印本资源、数字资源、光盘、缩微制品等）采访的功能。

②系统能够支持和兼容国内外主流 ILS 或者 LSP 的软件开发技术，采访系统必须可以完成本地化移植和改造，需要满足个馆的个性化、特殊需求。

③采访记录应具有统计分析功能，可以对采访计划和馆藏发展规划提供有力的数据。

具体需求如下：

（一）遴选

遴选是根据书商提供的出版物目录，结合本馆采访方针和文献购置经费，初选拟订购出版物。其功能需求是：

①系统能够从各种采访工具中（例如，OCLC，Ohio，Amazon，Books in Print，BookData Online 和其他权威网络书目）检索和下载书目数据。如有必要，系统应能提供与主要书商的采选系统之间的接口，例如，中图公司的 PSOP，EBSCO 的 GOBI3 等。

②采访人员能够按学科类别、出版社、时间（出版时间、更新上传时间）、文种（中文、英文、德文、法文等）等检索点，浏览外来书目数据，以便逐一遴选；也可以按书名、著者、出版社、ISBN、价格等检索外来数据。

③采访人员能够创建原始书目数据，也可以修改外来书目数据。在书目浏览过程中，已经浏览过的数据需要作有关标记，以避免采访人员自己重复阅读，方便下游环节包括审校人员能够作相应的标记。相关书目数据应能够保留至少十年，以备核实数据和以后补订图书用，避免不必要的回溯和其他重复操作。

④可设定及取消默认值，以便处理相似数据和相似操作，如国家名称、语种、书商名称、出版社名称、经费名称、订购数量、币种、丛书名等。

（二）查重

查重是将初选拟订购的出版物，用 ISBN、题名、责任者等作为检索点，确定本馆是否已经收藏和是否已经订购，以避免采访流程中不同操作者之间的重复订购。系统应提供字段查重的功能：在选书员浏览外来数据的 MARC 格式记录时，只要点击有关字段，系统就可以自动检索本馆的采访和编目数据中的有关记录字段。在书目数据正式进入采编数据库时，应与选书数据并列显示采编数据库中书名和著者相近的记录，以供采访人员核实是否重复记录，是否要删除。

（三）发订

发订是指在选书以后，结合查重情况对拟订出版物进行审核查重，确定订购，进行订购。其功能需要如下：

①订单库的采访信息包括：订单号（包括订购年月）、目录流水号、书商代码、预计到货日期、选书员代码、图书语种、学科类别、数据更新时间。

②系统能够生成发订记录，按记录或批量加入发订日期、收订书商号、订单批号、订单张数。系统能够自动分配订单总流水号，也能根据选书员和发订员的代号自动生成订单号（格式样例：年月 + 选书员 / 发订员代码 +4 位流水号，例如，2205Ping–2637）。

③系统能够打印卡片式订购单、书名卡片目录及附加款目（如丛书、会议录、丛书或多卷集的单卷书名、并列书名等）的卡片。

④遇有单卷书价超过一定数额（如 10 000 元人民币、1500 美元或 800 英镑等），系统能够提示，并加以“高价书”标记，以便图书馆领导审批。

⑤系统具有订单撤销的功能，允许在一定时间内由授权用户撤销任何形式的订单，并显示撤销原因。

（四）验收

验收是指订购完成后，中标书商陆续将出版物成批送馆，到馆后需要及时进行验收工作。新冠疫情后，出版物到馆需要静置消毒，根据防疫要求，流程会有所增加，但是验收环节的基本功能仍有以下这些内容：

①登录员收书后，对照发票和清单，核对金额、种、册数以及图书内容。通过采购订单号、题名、ISBN、责任者、发订日期等检索点，检索出订购记录，可以检查到书是否符合预订的订单，如不符合需沟通书商，并做退货处理。

②允许在登记过程中增、删、改采访记录，如增加或修改批号、发票号、清单号、副本标识、实际价格等。

③接收捐赠、交换、交存的文献应记录接收数据：接收日期、捐赠人、捐赠单位名称和联系地址、文献题名、数量、国家、交换户代码等。

④系统能够调出并打印任一时段入藏的交存、购买、交换、接收捐赠的文献登记清单。

⑤登记到人员做完一批文献后，正式建立总括登记单。总括登记要求：在总批号后面填写登录员的代号；填写登录完成日期；购书填书商代号及登记文献的采集方式；填写发票号、清单号及总数；计算各种文献流向册数，并打印出交接清单，每条数据需打印书名、ISBN、价格、预定批号和顺序号，以便核对；系统能够打印出送交捐赠人的格式感谢信，并附上有关赠书清单。如果有

电子邮件地址，可即时发出电子邮件谢函。如没有电子邮件地址，应能打印出信封或地址标签。

⑥对于用户推荐急需的文献订单，采访系统应能设定相应提示和流程监控功能，由验收人员及时送交有关人员处理，快速编目，提前入阅览室上架，尽快提供借阅、复制服务等。对于有审读问题的文献订单，系统应该能够进行记录和提示功能，确保其不流入馆藏，确保图书馆意识形态安全。

（五）转出

转出是指将所采访的出版物转交编目等环节。其系统需求是：系统应具有从采选环节到编目环节的图书交接功能，即按图书的图书馆财产条形码清点验收，验收交接后，其文献接收代码发生改变。系统能自动生成图书移交清单，清单内容包括：移交时间、种、册数、图书馆财产条形码、批号、收书人签字、备注。

（六）财务结算

财务结算是指一批文献完成验收后，与中标书商结算本批费用。其功能需求是：

①系统能够生成清款单，内容包括图书种册数，书价和手续费等附加费用。

②系统能够自动换算外汇汇率，系统能够将其他币种自动折算为人民币。

③核对金额正确无误后，按照统计结果与书商结算本批的费用。按照发票号、资金来源、付款单位、支票号、验收批次号分别列出资金使用情况。按照统计的结果，和书商核对无误后即可付款。

（七）催询

催询是指在合同限定时间内，订购的文献没有得到及时回复时，和在限定时间内没有收到采购文献时，应进行的催询工作。其功能需求是：

①系统能够设定到货周期，根据记录上的订购日期和预计到货周期统计到货率。

②系统能够定期将未到货文献，统计打出催询清单，交给书商核实情况。

③系统应能统计对于绝版、脱销无货、取消出版计划等因第三方情况无法供货的情况，以便完成书商履约报告的撰写。

（八）统计

采访系统的统计功能较为重要，应该至少包括以下内容：

①预算执行统计：按财务部门要求，按进度跟踪预算经费的执行完成情况，控制经费的使用，以便完成文献购置项目的绩效评估要求。时间段（以月为单位）和书商统计出所发订单的预计经费，以便提前控制经费的使用。

②已付经费的统计：随时统计出应付给中标书商的金额，以便了解经费的支付和欠款情况。

③系统能够按文种（中文、英文、俄文、日文、法文、德文等）、出版社分别统计购买、交存、接收捐赠和交换数量，时间单位为任意时间。

④系统能够打印任一时段入藏的交存清单、购买清单、接收捐赠清单和交换清单。

⑤系统能够通过个人代号、岗位类别、时间、工作内容，统计出个人工作量（选书量、发订量、登到量、注销订单量、剔除复本量等）各类别。

⑥能够统计缺藏书、高价书、多卷集、复本书等各特殊类型文献的 ISBN 和题名等，并可统计汇总为电子清单。

第四节　智能选书系统

智慧图书馆时代的图书采访工作，首先是要实现智能选书和精准订购。图书馆可以通过知识图谱分析工具、数据挖掘算法和分析工具，可视化分析工具等，实现智能选书功能，让图书馆可以全面快速地掌握文献出版信息，并依托业务管理集成系统，挖掘用户兴趣和利用信息，将出版社、馆配商、图书馆和用户联系到一起，形成从文献出版、发行、销售、订购、登记、编目、服务的一体化智能化解决方案，并实现馆藏信息的精准动态分析，形成对馆藏体系的动态监控和优化调整。

一、智能选书系统的功能特点

传统图书馆时代，选书工作基本是手工操作，随着技术的升级换代，实现自动化、智能化选书已经不是梦想，虽然机器选书未必能够达到手工选书的质量，但是这是发展趋势，尤其对于一些缺少采访馆员的中小型图书馆来说，具有现实意义。

智能选书系统模块的开发，使得图标书馆客户将能获得出版行业的纸电整合采选服务，在享用高质量的书目信息同时，真正的智能采选模式使得图书馆可以轻松应对各种经费数量的书目采选计划，将采选过程及历史信息全部记录存档，使得资源采选变得科学、高效、智能。在线选书成为可能，在新冠疫情影响下，这种线上模式受到图书馆的青睐。传统选书与智能选书的区别详见表8–1 所示。

表 8–1　传统选书与智能选书的比较

比较项目名称	传统选书方式	智能选书方式
文献载体	印本图书和电子图书是分开采购	印本图书和电子图书整合展示与管理，能满足大多数图书馆客户的采选需求
用户分类	只有简单的几种账户，其他选书员选过好的图书，其他人很难继续把关进行遴选	账户分类更加精准细化。各种账户既有合作也有分工，相应的权限设置更加合理
采选功能	功能不能满足复杂情景，无法做到全流程采访，往往只能完成采选、查重、订购的一部分功能，其他功能需要人工完成。	满足多种类型客户专业采选、查重、订购需求。 ①精简装、不同版本、不同载体、套书的关联管理。 ②书目导入时的查重，可分别选择按字段更新覆盖。 ③按关键词检索时，可配置各字段权重，按权重（相关性）输出结果。 ④书目可以按模板导出成 marc、excel、pdf 等多种格式
统计分析和发现	功能简单，无法分析更多成果	能够多个角度分析出版社、图书馆与书目状况，产生各种专业的行业报告，为出版社和图书馆定制专业的书目产品

续表 8-1

比较项目名称	传统选书方式	智能选书方式
兼容手机和微信浏览	未做兼容性考虑	微信公众平台通过菜单跳转后访问图书发现平台，页面和功能需要能够正常使用

关于智能选书系统，根据图书馆采访业务的需求，进行具体说明。

1. 账户模块

构建上下级关系、上下游流程的多类型账户体系。多类型用户包括图书馆采访馆员账户、图书馆管理账户、图书馆用户账户和书商维护账户等。

图书馆采访人员账户，可以根据图书馆采访业务的层级，分为多级采访馆员账户。在采访馆员账户中，设置普通采访馆员账户和审校人员账户。审校人员可以查看、汇总、筛选和导出采访馆员用户的购买意向，选择性下订单。一级用户可以直接下订单或者导入订单。

图书馆管理账户可以根据管理权限，也分为多级账户，例如图书馆馆长账户、图书馆采访主任账户。馆长和采访主任可以随时了解经费的使用情况，采选的数量情况，历年采访记录的纵向对比，以及与其他图书馆的横向对比情况，根据实际情况制定年度的采访目标任务。

图书馆用户账户，可以根据图书馆的性质进行细粒度的划分。比如高校图书可以根据师生的不同需求，设置教师账户和学生账户，开通不同的权限。用户账户可以与采访馆员进行实时沟通和交流，使得用户驱动的馆藏建设落到实处。

书商维护账户，可以根据图书馆的要求，定期提供相关的最新书目。反馈和响应采访馆员的需求，跟踪执行订单。

2. 采选模块

书商电子图书与对应印本图书关联显示，图书馆采访馆员可以选择想要的载体，查看明细、试读资源、提交购买意向。图书馆采访馆员可以方便地直接采选和下订目录系统现有产品，也可以导出目录与自身馆藏查重后上传订单，还可以直接上传提交其他来源的订单。出版销售人员可以查看、完善、执行订单。

3. 统计分析和发现

传统的图书馆集成系统统计某些采访数据操作起来费时费力，有些则无法实现，只能做些模糊分析与评价。而智能采选系统，可以细粒度的完成各种统计和分析。例如可以从学科、主体、著作、出版社、价格、出版时间等不同角度，再加上其他标杆图书馆提供的数据，可以从不同角度来分析有关采访的各个细节问题，发现核心馆藏、重点作者、经典图书，在这个核心馆藏范围内，分析出版社的构成、分析自身图书馆的文献覆盖率、分析出最前沿热点关键词。求证的采访数据，也可为馆内各业务部门提供所需的各项业务数据，而且系统提供的数据便捷、准确、全面、翔实，为采访及其他业务分析与研究提供了强有力的支持，基本可以做到随用随分析，大大减少了重复性劳动。

二、智能选书系统的案例介绍

（一）中图公司海外图书智能采选平台

中图海外图书采选平台（PSOP）是由中国图书进出口（集团）有限公司围绕图书馆采访工作流程而进行设计开发的，专门服务于图书馆外文图书采选工作及学科专家和学者的在线平台，第一版发布于 2003 年。2020 年 3 月 31 日，中图上线全新 PSOP 4.0 版图书采选平台，对平台进行全面的优化。

图书馆采编、专家、学者等注册成为 PSOP 的用户，就可以访问 PSOP 网站并获取个性化内容服务。通过本网站的“专家推荐”和“机构管理”两个重要功能模块，PSOP 为采编人员和专家提供共享的选书平台，实现专家推荐、采编选书、在线查单的一站式采选。

专家及采编人员可以设置自己想要关注的学科及专业类别，由系统推送个性化的新书信息；专家及采编人员可以在 PSOP 平台上完成对书目专业信息的浏览、查看书目库存情况、向管理员提出建议等；采编可以在 PSOP 平台上查看、查询订单的执行情况。

从功能上看，PSOP 拥有以下特点：

（1）信息量极大的书目数据库。书目信息的获取是图书馆书目采集工作的基础，书目信息越充分，图书馆进行外文采选时选择的余地就越大；书目揭示的信息越准确，图书馆外文采选工作的进展就越方便。PSOP 的书目数据库是目前国内最大的海外学术馆配书目数据库，现在能够对外提供海外原版书目 130 万条新书、可供书目，并且每月新增的书目超过 1 万条。中图公司与海外主要出版机构有着长期的良好合作关系，通过 ONIX 数据及其他方式直接从海外出版机构获得书目信息，在保留书目原本信息的同时，对书目进行了本地化加工，增加书目的中图分类号、中文译名等。同时，在线的目录能够实时提供图书在中图的实时库存信息、POD 信息、图书被馆藏情况等，以这些信息辅助图书馆采编老师进行采选，克服了传统印本图书目、纸本目录受限于载体特点和制作成本等，不能为采访人员提供实时且详细的书目信息，因而影响书目内容质量的弊端。PSOP 高效的搜索引擎实现了对海量书目数据的毫秒级检索，为采访人员获取采访信息提供了有效的工具。

（2）专家推荐，深度参与选书。PSOP 为了服务好机构客户，为给专家选书选择提供方便，特别设计了“专家推荐”功能。专家注册进入 PSOP 后，可以选择自己所在机构加入，由采编进行审核（也可以通过机构采编直接注册）。专家注册进入自己所在机构后，可以调阅书目、收藏书目、将所需图书推荐至采编进行购买。同时，专家还可以根据自己的专业偏好及分类偏好，通过 PSOP 享受个性化的新书推荐服务，做到使专家足不出户就可以了解最新的出版信息，并推荐至采编进行购买。

（3）信息的共知共享。PSOP 通过对目录进行精选，提供“现货 / 图书采购节”“POD”“热门专题”“精品推荐”几个栏目，为采选提供更优质、更聚焦的目录资源，帮助解决选书难题。“图书采购节”——即线上书展功能，可以大幅度减少大家赶往线下书展现场奔波的时间及成本，并为海外出版社及各大院校图书馆举办形式各异的个性化书展。同时，采编老师及专家可以通过“热门专题”“精品推荐”栏目直观且清晰地了解到各大出版社的主推产品、学科、专题，快速了解新书。同时，PSOP 揭示了书目被馆藏的情况，让图书馆及机构能够更加直观地参考到书目的内在价值，能够更加有计划地实现自己的书目采集。

（4）便捷使用，与移动端及实体接轨。PSOP 通过“中图图书采选”小程序，实现了对采编老师、专家、学者的移动端选书支持，让他们能随时随地访问海量的书目信息。在面对实物书时，可以通过小程序扫描条形码，获取PSOP中该书目的所有信息，实现对采编老师、专家、学者在现采时查看书目信息、收藏书目的支持。

（二）教图公司机构用户智能选书服务平台

机构用户智能选书服务平台是由中国教育图书进出口公司（简称教图公司）开发的专业化图书电子商务网站，旨在让用户获取更多更好的原版外文图书检索体验，以及了解订单订购情况。该平台于2017年5月正式上线，2021年，机构用户服务平台二期升级已经启动，目前平台功能完善，主要内容包括：为机构用户提供月度与专题、境外图书目录、丛书、多卷书；提供国外图书专题研究成果、特色资源、重点推荐图书目录；提供在线采选及订单管理服务等。该平台有以下几点主要功能：

（1）提供原版图书目录信息。目前平台提供近600万目录海量检索，并保持实时动态更新。书目信息介绍全面，除出版社原始书目所包含的题名、作者、价格等简单字段外，机构用户服务平台的数据团队还将数据二次分类处理，增添了如中图分类、学科分类等信息，更加便于用户查询检索。平台还首次将丛书与多卷书分类、编号管理，不仅方便用户采选卷套图书更有效的查重，还满足了卷书和丛书的补缺需要，可使查询更加一目了然，定位更加准确。

（2）图书编目数据提供。平台内用户自主检索及下载书目后，可同步导出采访MARC数据，平台后台内置通用标准版数据模板，也可根据馆内特殊格式进行字段添加及顺序调整，有利于提升高校图书馆采编老师后续查重等工作效率。

（3）订单查询服务。该智能选书平台与教图公司的图书管理系统对接，可无障碍查询在教图公司所订购图书的到货情况，对于未到图书进行催缺查询等。从书目采选到订单跟踪，关键环节一目了然，随时掌握订单执行情况。提供历年财务结算清单查询功能，用户可查询到具体批次结算清单付款及到款情况。

（4）图书推荐采选功能。平台的“权重荐书”功能，可根据用户分权重推荐管理，通过主管理账号下设多个子账户，达到选书荐购、信息收集等目的，页面友好，设置灵活，可以大幅提升图书馆选书效率。

（5）线上书展功能。为了在疫情期间更好地服务于高校的教学与科研工作，中教图公司“线上书展”正式上线。相较线下书展，线上不受场地空间限制，具有受众广、信息全、更加便利等特点，满足了分散在各地的用户们希望参加书展的需求，激发了用户选书荐书的积极性。

（6）学科研究及特色推荐功能。学科研究即核心馆藏资源建设服务（Core Academic Resources），针对高校图书馆“精选”外文书的原则，使用高效可行图书评价方法，为外文图书订购提供依据，为馆藏规划和建设提供参考性意见。

（三）北京中科公司智能选书服务平台

与其他公司的智能采访平台不同的是，北京中科进出口有限责任公司（简称北京中科公司）打造的纸本和电子图书整合营销的平台，树立了电子图书市场采选行业规范，和其他书商的选书平台最大区别就是纸本和电子图书共同营销，同时不涉及电子图书内容和版权，纯代理营销。

知源知识服务平台可兼容并整合多种外文文献类型，包含纸书、电子书、数据库产品、学位论文、期刊、行业报告等资源的信息存储与文件存储，通过独家的浏览与检索算法，实现优质资源的展示与发现。实现千万级纸书与百万级电子书的数据整合及机构采选，同时实现纸电资源个人零售，可以根据业务发展需要，逐步接入更多类型的资源。图书馆客户将能获得行业独家的纸电整合采选服务，在享用高质量的书目信息同时，真正的智能采选模式使得图书馆可以轻松应对千万级书目采选。

第五节 小 结

智慧图书馆时代，需要图书馆业务自动化集成系统、电子资源管理系统、各种数字仓储系统打通脉络，实现印本资源、数字资源的一体化管理，实现多种资源管理系统的高度集成，支持多种元数据标准，支持关联数据，实现数据融合与语义检索服务、实现跨机构的关联数据开放与复用。图书馆资源建设需要建立的新观念是要超越载体，把重心放在内容上，通过提高对文献篇目和内容的细粒度揭示，利用人工智能深度算法，进行数据挖掘和分析，融汇成智慧知识服务，最终以服务质量赢得用户群体。

利用智能技术，可以提升公共数字文化资源整合能力，未来可以将图书馆、博物馆、文化馆、美术馆等公共文化机构的数字文化资源整合到同一个平台，为公众提供方便、快捷、智能的一站式公共文化和信息服务。利用文旅融合发展的契机，实现跨界合作，形成跨界资源的协同发展局面，实现公共文化资源融合和服务共赢。多维度挖掘与整合跨界资源，推进馆藏资源建设创新，这不仅仅是图书馆的迫切愿望，也是博物馆、艺术馆等文化机构的真实需求。

总之，智慧图书馆的精髓是“资源多元融合化、服务智慧人性化、技术智能易用化”。[1]智慧图书馆在文献资源采访方面还会出现很多新的理念和创新，也会遇到很多新的问题，需要不断思考和解决。但可以肯定的是，无论是传统图书馆时代还是智慧图书馆时代，图书馆文献采访工作的地位都不应该被削弱，而是需要进一步加强。

---

[1] 平安．智慧图书馆时代文献信息资源建设［C］//2021年国家图书馆青年学术论坛论文集．北京：国家图书馆出版社：383-390.

参考文献

[1]陈力.数字时代图书馆的文献信息资源建设[J].西华大学学报：哲学社会科学版，2020（4）：1-12.

[2]程焕文，刘洪辉，刘洪.程焕文之问——数据商凭什么如此狼?[M].北京：国家图书馆出版社，2016.

[3]程焕文，赵冬梅.资源为王 服务为本 技术为用——程焕文谈高校图书馆管理的理念[J].晋图学刊，2020，176（1）：4-13.

[4]初景利，段美珍.从智能图书馆到智慧图书馆[J].国家图书馆学刊，2019，28（1）：7.

[5]初景利，孙杰.图书馆出版：新领域、新能力、新挑战[J].图书情报知识，2018（6）：86-93.

[6]第49次中国互联网络发展状况统计报告[EB/OL].（2022-2-25）[2022-03-15].http://www.cnnic.cn/gywm/xwzx/rdxw/20172017_7086/202202/W020220311487786297740.pdf.

[7]东莞图书馆.图书馆规范管理工作手册[M].北京：国家图书馆出版社，2016.

[8]段俊.图书馆图书招标采购质量控制研究[D].北京：北京师范大学，2008：8.

[9]高波，吴慰慈.从文献资源建设到信息资源建设[J].中国图书馆学报，2000，26（5）.

[10]高大伟，许丽丽.国际图联《2019年发展与信息获取报告》解读与启示[J].情报探索，2020，272（6）：122-126.

[11]高红，朱硕峰，张玮．世界各国图书馆馆藏发展政策精要［M］．北京：海洋出版社，2010.

[12]顾犇．国家图书馆外文图书采编工作自动化的历史和展望［J］．国家图书馆学刊，2002，11（2）.

[13]顾犇．图书馆采访工作随想［N］．图书馆报，2020-12-25（3）.

[14]顾犇．外文文献采访工作手册［M］．北京：北京图书馆出版社，2004.

[15]郭晶．赋能存量 做优增量 把握变量——面向“十四五”的国内高校图书馆文献信息资源建设思考［J］．图书情报工作，2021，65（1）：8.

[16]国际图联关于图书馆与人工智能的声明［EB/OL］．（2020-9-17）［2022-04-02］．https://www.ifla.org/files/assets/faife/ifla_statement_on_libraries_and_artificial_intelligence.pdf.

[17]国家图书馆研究院．国家图书馆启动互联网信息战略保存项目［J］．国家图书馆学刊，2019，28（3）：1.

[18]国家新闻出版．2020中国新闻出版统计资料汇编［M］．北京：中国书籍出版社，2020.

[19]胡小菁.PDA—用户决策采购［J］．中国图书馆学报，2011（2）：52.

[20]黄金霞，王昉，肖曼，等．从GoOA到OAinONE：开放资源的发展与再利用［J］．农业图书情报，2019（1）：10.

[21]剑桥数字图书馆［EB/OL］．［2022-03-06］.http://cudl.lib.cam.ac.uk/about/.

[22]姜曼莉．图书招标采购质量的影响要素及其优化策略［C］// 国家图书馆外文采编部．第四届全国图书采访工作研讨会论文集．北京：国家图书馆出版社：1-6.

[23]姜晓曦，冷熠．我国数字出版物呈缴制度完善建议——基于权利人呈缴意向调研［J］．图书馆工作与研究，2016（12）：5.

[24]教育部关于印发《普通高等学校图书馆规程》的通知［R/OL］．（2016-1-4）［2022-03-06］http://www.moe.gov.cn/srcsite/A08/moe_736/s3886/201601/t20160120_228487.html.

[25]柯平．图书馆未来2035与“十四五”规划编制［J］．图书馆杂志，2020，39（10）：5.

[26] 柯平 . 文献资源是图书馆建设之本 [N]. 图书馆报，2018-07-23（2）.
[27] 柯平，刘旭青，邹金汇 . 以评促建、以评促管、以评促用——第六次全国公共图书馆评估定级回顾与思考 [J]. 图书与情报，2018（1）：37-48.
[28] 孔令芳，田稷，韩子静，等 . 世界一流大学图书馆馆藏发展趋势研究 [J]. 图书馆杂志，2021，40（6）：9.
[29] 李伟 . 外文图书采选工作 [M]. 北京：华艺出版社，2001.
[30] 李艳 . 图书馆文献复制与传播的版权问题研究 [J]. 河南图书馆学刊，2020，40（8）：3.
[31] 李玉海，金喆，李佳会，等 . 我国智慧图书馆建设面临的五大问题 [J]. 中国图书馆学报，2020（2）：17-26.
[32] 李致忠 . 关于图书馆的绩效评估 [J]. 国家图书馆学刊，2002（2）：2-5.
[33] 廖永霞，韩尉 . 中国记忆项目资源组织初探 [J]. 国家图书馆学刊，2015，24（1）：11.
[34] 刘静羽，黄金霞，王昉，等 . 开放获取期刊再利用权益管理方案的设计与应用 [J]. 图书馆建设，2016（8）：25-31.
[35] 刘炜 . 建设开放、智慧、包容的第三代图书馆 [N]. 图书馆报，2019-06-21（5）.
[36] 刘炜，嵇婷 . “云瀚”与智慧图书馆：以开放创造未来 [J]. 中国图书馆学报，2021，47（6）：12.
[37] 刘兹恒 . 后疫情时期的图书馆文献资源建设 [N]. 图书馆报，2020-04-10（10-11）.
[38] 刘兹恒 . 图书馆未来发展的十大趋势 [N]. 中国出版传媒商报，2016-04-08（13）.
[39] 刘兹恒 . 智慧图书馆与智慧图书馆员 [N]. 图书馆报，2019-06-21（5）.
[40] 刘兹恒，涂志芳 . 数字学术环境下学术图书馆发展新形态研究——以空间，资源和服务“三要素”为视角 [J]. 图书情报工作，2017，61（16）：9.
[41] 罗祺姗，翟爽，张静 . 电子资源订购决策评价的若干思考——以中国科学院电子资源集团采购为例 [J]. 图书情报工作，2018，62（3）：6.

[42]毛雅君.国家图书馆文献信息资源建设的回顾与思考[J].国家图书馆学刊，2019（5）：13-19.
[43]毛雅君.国家图书馆业务规范.[M].北京：国家图书馆出版社，2017.
[44]美国旧金山公共图书馆[EB/OL][2022-3-6] https：//sfpl.org/.
[45]平安.论三种图书出版模式对图书馆西文图书采访的影响[C]//交流与创新：外文文献资源建设与组织学术论文集.北京：国家图书馆出版社：302-307.
[46]平安.浅议OA图书出版对图书馆外文图书采访的影响[C]//国家图书馆外文采编部.第六届全国文献采访工作研讨会论文集.北京：国家图书馆出版社：302-307.
[47]平安.图书馆OA图书资源建设与思考[J].图书馆工作与研究，2020（S1）：65-69.
[48]平安.外文文献信息资源评估实证研究[M].北京：国家图书馆出版社，2021.
[49]平安.智慧图书馆时代文献信息资源建设[C]//国家图书馆.国家图书馆青年学术论坛论文集.北京：国家图书馆出版社，2021：383-390.
[50]普通高等学校图书馆馆藏评价指南[EB/OL].（2013-06-23）[2022-03-23].http：//www.scal.edu.cn/gczn/201311050906.
[51]乔金，平安.外文图书招标采购的优化策略研究[J].河南图书馆学刊，2019，39（5）：3.
[52]邱葵.数字环境下的美国高校图书馆纸本资源管理[J].图书馆论坛，2019，39（6）：8.
[53]饶权.回顾与前瞻：图书馆转型发展面临的问题与思考[J].中国图书馆学报，2020（1）：4-15.
[54]饶权.全国智慧图书馆体系：开启图书馆智慧化转型新篇章[J].中国图书馆学报，2021（1）：4-14.
[55]饶权.现代图书馆越来越“智慧”[N].人民日报，2020-11-13（20）.
[56]邵波，张文竹.下一代图书馆系统平台的实践与思考[J].图书情报工作，2019，63（1）：7.

[57]申晓娟.新中国图书馆法治建设70年[J].图书馆杂志，2020(1)：10-31.
[58]沈奎林.智慧图书馆建设思考与实践[J].大学图书情报学刊，2022，40(1)：8.
[59]宋仁霞.外文电子资源采访工作指南[M].北京：国家图书馆出版社，2016.
[60]孙坦.开放信息环境：学术图书馆信息资源建设的重定义与再造[J].中国图书馆学报，2013(3)：9.
[61]孙坦，黄永文，张建勇，等.开放科学环境下国家科技文献发展战略研究与展望[J].图书情报工作，2020，64(14)：10.
[62]孙莹莹.缩微文献评价体系构建初探[J].数字与缩微影像，2016(2)：1-4.
[63]唐桂芬.预印本发展和研究探析[J].出版与印刷，2020(2)：9.
[64]田苗，韩尉，戴晓晔.口述史学科发展背景下的中国图书馆界口述文献建设概述[J].图书情报知识，2020(5)：8.
[65]图书馆·情报与文献学名词审定委员会.图书馆·情报与文献学名词[M].北京：科学出版社，2017.
[66]汪东波，张若冰.《公共图书馆法》与国家图书馆[J].国家图书馆学刊，2017，26(6)：6.
[67]王春生.数字资源循证采购简论[J].图书馆杂志，2018，37(7)：6.
[68]王宁宁，刘兹恒.图书馆联盟参与数字出版的优势与模式研究[J].图书馆工作与研究，2017(11)：7-12.
[69]王启云.关于高校图书馆印刷型馆藏的思考[EB/OL].(2021-03-13)[2022-03-23].http://blog.sciencenet.cn/blog-213646-1276480.html.
[70]王宇，谢朝颖，初景利.学术图书馆战略规划编制十大关键问题[J].图书情报工作，2020，64(24)：9.
[71]魏蕊.学术专著开放出版模式及图书馆应对策略研究[D].北京：中国科学院大学，2015.
[72]魏蕊，初景利.国外开放获取图书出版模式研究[J].图书情报工

作 .2013,(11): 12-18.

[73]吴建中 . 贯彻新发展理念 推动高质量发展——新一轮图书馆事业发展的主基调[J]. 图书与情报 .2020(6): 73-76.

[74]吴慰慈 . 图书馆学概论(第四版)[M]. 北京: 国家图书馆出版社, 2019.

[75]肖珑 . 数字图书馆资源建设与服务[M]. 北京: 国家图书馆出版社, 2015.

[76]肖珑, 李浩凌, 徐成 .CALIS 数字资源评估指标体系及其应用指南[J]. 大学图书馆学报 2008(3): 3-9+18.

[77]肖希明 . 信息环境的变化与图书馆资源建设的变革[J]. 上海高校图书情报工作研究, 2017, 27(3): 4.

[78]肖希明 . 信息资源建设(第二版)[M]. 武汉: 武汉大学出版社, 2021.

[79]肖希明 . 信息资源建设: 概念、内容与体系[J]. 中国图书馆学报, 2006, 32(5): 4.

[80]肖希明, 尹彦力 . 服务于"双一流"建设的高校图书馆信息资源建设[J]. 图书馆建设, 2018(4): 6.

[81]杨柳 . 自助出版及其对图书馆外文文献采访工作的影响[C]// 国家图书馆外文采编部 . 第五届全国文献采访工作研讨会论文集 . 北京: 国家图书馆出版社: 50-54.

[82]叶继元 . 聚焦学科核心领域重构文献信息资源保障体系[J]. 图书与情报, 2020(5): 001-008.

[83]叶继元 . 文献概念漫议——从《图书馆 · 情报与文献学名词》对文献的定义说开去[J]. 高校图书馆工作, 2019, 39(4): 5.

[84]叶继元 . 信息概念规范表述刍议——评《图书馆 · 情报与文献学名词》对"信息"的界定[J]. 高校图书馆工作, 2019, 39(1): 5.

[85]叶继元 . 信息资源建设[M]. 武汉: 武汉大学出版社, 2021.

[86]英国国家图书馆[EB/OL].[2022-03-06].https://www.bl.uk/.

[87]英国剑桥大学馆藏发展政策[EB/OL].[2022-03-06].https://www.lib.cam.ac.uk/about-library/library-management/policies.

[88]余胜 . 关于图书馆绩效评估的研究与实践[J]. 中国图书馆学报, 2006

（4）：102–105.

［89］袁青，施亮，陈梦．“双一流”驱动下高校图书馆服务能力建设——以华中科技大学为例［J］．图书情报工作，2019（1）：118–124.

［90］张春梅，李欣．美国康奈尔大学图书馆馆藏发展策略研究［J］．图书情报研究，2021，14（2）：57–67.

［91］张甲，胡小菁．用户决策的图书馆藏书采购——藏书建设 2.0 版［J］．中国图书馆学报，2011，37（2）．

［92］张美萍．北京大学图书馆中文图书馆藏建设的变迁及未来发展探讨［J］．大学图书馆学报，2016（3）：5.

［93］张美萍．中文图书馆藏建设的纸电融合趋势初探［J］．大学图书馆学报，2021，39（1）：44–49.

［94］张青．中外图书定价比较［J］．出版参考，2009（14）：2.

［95］张晓林，吴振新，付鸿鹄，等．国家科技数字资源长期保存体系建设与发展［J］．数字图书馆论坛，2020（7）：8.

［96］赵艳，张晓林，郑建程．图书馆文献订购经费向开放出版经费转化：目标、挑战与策略［J］．图书情报工作，2016，60（1）：5–11.

［97］郑雯译，侯壮．国外人文社科学术图书开放出版模式研究［J］．图书情报工作，2016（11）：53–59.

［98］中国高校人文社会科学文献中心［EB/OL］．［2022–3–6］.http://www.cashl.edu.cn/.

［99］中华人民共和国公共图书馆法［EB/OL］．（2017–11–05）［2022–3–30］．http://www.gov.cn/xinwen/2017–11/05/content_5237326.htm.

［100］钟建法．高校图书馆信息资源采访．［M］．北京：世界图书出版公司，2014.

［101］朱本军，龙世彤，肖珑，等．图书开放获取模式及整合利用研究［J］．大学图书馆学报，2015（5）；26–31.

［102］朱强．图书馆资源建设的转型——以北大图书馆为例［J］．上海高校图书情报工作研究，2017，27（3）：8.

［103］朱强，廖书语．新时代高校图书馆文献资源建设的挑战［J］．图书情报

知识，2018（6）：6.
［104］朱硕峰．国家图书馆在外文文献资源保障体系中的作用［J］．国家图书馆学刊，2002（3）：5.
［105］朱硕峰．世界各国图书馆数字资源发展政策精要［M］．北京：国家图书馆出版社，2016.
［106］朱硕峰，宋仁霞．外文文献资源采访工作手册［M］．北京：国家图书馆出版社，2014.
［107］A white paper of Why the Twitter Collection is Important to the Nation's Library［EB/OL］.（2013-6-17）［2022-03-15］.http://www.loc.gov/today/pr/2013/files/twitter_report_2013jan.pdf.
［108］ACRL Environmental Scan. Association of College and Research Libraries Research Planning and Review Committee［EB/OL］.（2017-03-05）［2022-03-23］. http://www.ala.org/acrl/sites/ala.org.acrl/files/content/publications/whitepapers/EnvironmentalScan2017.pdf.
［109］ACRL Research Planning and Review Committee. 2018 Top Trends in Academic Libraries: A Review of the Trends and Issues Affecting Academic Libraries in Higher Education［J］. College & Research Libraries News, 2018,79(6):286-300.
［110］ACRL Research Planning and Review Committee. 2020 Top Trends in Academic Libraries: A Review of the Trends and Issues Affecting Academic Libraries in Higher Education, College & Research Libraries News, 2020, 81(6):270-278.
［111］ACRL2020 学术图书馆趋势报告［EB/OL］.（2020-06-01）［2022-03-08］https://crln.acrl.org/index.php/crlnews/article/view/24478/32315.
［112］BOAI.［EB/OL］.［2022-03-08］.http://www.budapestopenaccessinitiative.org.
［113］Briony Fane et al. The State of Open Data Report 2019［EB/OL］.（2019-10-24）［2022-03-23］. https://digitalscience.figshare.com/articles/report/The_State_of_Open_Data_Report_2019/9980783.
［114］British Library to archive the nation's 'digital memory' by capturing billions of

web pages [EB/OL] . (2013-4-14)[2022-04-14] .http://www.dailymail.co.uk/sciencetech/article-2304331/British-Library-add-billions-web-pages-archive-preserve-nations-digital-memory.html.

[115] DOAB. [EB/OL] . [2022-03-08] .https://doab.org/.

[116] DOAJ. [EB/OL] . [2022-03-08] .https://doaj.org/.

[117] FOLIO|The Future of Libraries Is Open [EB/OL] . (2020-01-20)[2022-03-23] .https://www.folio.org/platform/.

[118] HARKER，K.R.，J. KLEIN. ARL Spec Kit 352：Collection Assessment [M]. ARL Publications.2016.

[119] IFLA. Library Return on Investment Reviewing the evidence from the last 10 years [EB/OL] . (2019-05-01)[2022-03-23] .https://www.ifla.org/wp-content/uploads/2019/05/assets/hq/library_roi.pdf.

[120] ISO21248:2019 Information and documentation quality assessment for national libraries [EB/OL] . (2019-03-01) [2022-03-23] .https://www.iso.org/standard/70233.html.

[121] Jason Griffey，ed. Artificial Intelligence and Machine Learning in Libraries [J]. Library Technology Reports，2019 (1)：55.

[122] Library and book trade almanac 2020，65th ed. [M] . The Council of National Library and Information Associations，2020.

[123] Library and book trade almanac 2021，66th ed. [M] . The Council of National Library and Information Associations，2021.

[124] Lisa Federer, Sarah C. Clarke, and Maryam Zaringhalam. Developing the Librarian Workforce for Data Science and Open Science [EB/OL] . (2020-01-30) [2022-03-23] . https://acrl.ala.org/dh/2020/01/30/resource-developing-the-librarian-workforce-for-data-science-and-open-science/.

[125] Marshall Breeding 2021 Library Systems Report Fresh opportunities amid consolidation. [EB/OL] . (2021-05-03)[2022-03-23] .https://americanlibrariesmagazine.org/2021/05/03/2021-library-systems-report.

[126] More Open eBooks: Routinizing Open Access eBook Workflows [EB/OL] .

（2020-06-10）[2022-03-05] https://blogs.loc.gov/thesignal/2020/03/more-open-ebooks-routinizing-open -access-ebook-workflows/.

[127] Peggy Johnson.Fundamentals of Collection Development and Management.4nded [M] . American Library Association，2018.

[128] Ping，An. The evolving role of printed publications in the digital age and relevance for their continued development [J] .Library Management，2022，43（3）：218-227.

[129] Preserving the memory of the world in perpetuity: A joint statement on archiving and preserving digital information [EB/OL] .（2013-06-17）[2022-03-01] . http://www.ifla.org/V/press/ifla-ipa02.htm.

[130] QianaJohnson.Moving from analysis to assessment：strategic assessment of library collections. [J] .Journal of Library Administration，2016，56：488-498.

[131] Ricoh America's Corporation. New research reveals unexpected positive outlook for the printed book due to love of the medium [EB/OL] .（2013-12-09）[2022-03-01] .https：//newsroom.ricoh-usa.com/2013-12-09-NEW-RESEARCH-REVEALS-UNEXPECTED-POSITIVE-OUTLOOK-FOR-THE-PRINTED-BOOK-DUE TO-LOVE-OF-THE-MEDIUM#assets_20295_122581-118.

[132] SusanS.Moving from evaluation to assessment [J] . Journal of the Medical Library Association，2014，102（4）：227-229.

[133] Twitter Donates Entire Tweet Archive to Library of Congress [EB/OL] .（2013-06-17）[2022-03-15] .http://www.loc.gov/today/pr/2010/10-081.html.

附　录

附录 1

馆配商服务质量评价表

被评价供应商：××公司

<table>
<tr><td>填报单位</td><td colspan="3">×× 图书馆</td><td colspan="5">采购项目：××</td></tr>
<tr><td rowspan="3">近三年业绩</td><td>2021 年</td><td>××× 万元</td><td>种数：××</td><td>册数：××</td><td colspan="2" rowspan="3">联系人：××</td><td colspan="2" rowspan="3">联系电话：××</td></tr>
<tr><td>2022 年</td><td>××× 万元</td><td>种数：××</td><td>册数：××</td></tr>
<tr><td>2023 年</td><td>××× 万元</td><td>种数：××</td><td>册数：××</td></tr>
<tr><td>评价项</td><td colspan="4">评价标准</td><td>非常满意
100~90</td><td>满意
89~75</td><td>比较满意
74~60</td><td>不满意
＜ 60</td></tr>
<tr><td>1. 诚信度评价</td><td colspan="4">供应商具有良好的诚信度。能够按照合同内容履行职责，合同履约情况优良，能提供合同条款外的特色和增值服务</td><td></td><td></td><td></td><td></td></tr>
<tr><td>2. 供货能力</td><td colspan="4">供应商具有良好的图书信息渠道和信息搜集能力，具有对文献内容进行审读的能力。与国内外出版社有紧密的合作关系，合作模式灵活，订购渠道广泛、畅通、订到率高。具有多学科、多语种的全品种供货能力</td><td></td><td></td><td></td><td></td></tr>
<tr><td>3. 目录报道能力</td><td colspan="4">具有优质的目录报道能力，学科覆盖广、质量高、目录信息全。每月按时向采购人提供新目录。每月提交的书目信息的数据准确不重复。按采购人需求定期出版专题目录和出版社回溯目录，提供的信息包括电子版和纸质两种方式</td><td></td><td></td><td></td><td></td></tr>
</table>

续表

<table>
<tr><td>填报单位</td><td colspan="3">×× 图书馆</td><td colspan="5">采购项目：××</td></tr>
<tr><td rowspan="3">近三年业绩</td><td>2021 年</td><td>××× 万元</td><td>种数：××</td><td>册数：××</td><td colspan="2" rowspan="3">联系人：××</td><td colspan="2" rowspan="3">联系电话：××</td></tr>
<tr><td>2022 年</td><td>××× 万元</td><td>种数：××</td><td>册数：××</td></tr>
<tr><td>2023 年</td><td>××× 万元</td><td>种数：××</td><td>册数：××</td></tr>
<tr><td>评价项</td><td colspan="4">评价标准</td><td>非常满意
100~90</td><td>满意
89~75</td><td>比较满意
74~60</td><td>不满意
< 60</td></tr>
<tr><td>4. 供货质量</td><td colspan="4">供应的原版书刊均为正版图书，质量良好。因印刷等质量问题或不符合采购法需求的图书，能够及时免费退换</td><td></td><td></td><td></td><td></td></tr>
<tr><td>5. 订单处理能力</td><td colspan="4">能够及时处理反馈订单信息，每 6 个月反馈一次订单执行情况，明确可供及注销订单情况，并说明原因（绝版、暂时缺货、推迟出版、出版计划取消等）。能对用户的急用书积极跟踪、单独发货</td><td></td><td></td><td></td><td></td></tr>
<tr><td>6. 数据服务能力</td><td colspan="4">按要求提供数据服务，为选中图书按时提供符合采编业务系统要求的采访 MARC 数据，字段全面、格式标准，具有从事编目数据加工专业人员，可提供符合要求的编目数据</td><td></td><td></td><td></td><td></td></tr>
<tr><td>7. 配送服务能力</td><td colspan="4">具备清晰合理的验收登记流程，良好完善的物流配送服务，为到书提供发票和简洁、完整、清晰的总清单（一式两份），清单内容符合采购人需求</td><td></td><td></td><td></td><td></td></tr>
<tr><td>8. 到货率</td><td colspan="4">图书三个月到书率达到 90% 以上，年均到书周期 40 天以内，年内到书率 95% 以上</td><td></td><td></td><td></td><td></td></tr>
<tr><td>9. 加工服务能力</td><td colspan="4">按要求提供图书记到和加工服务，为订购图书免费贴磁条、条码、书目查重等增值服务项目</td><td></td><td></td><td></td><td></td></tr>
<tr><td>10. 销售服务能力</td><td colspan="4">销售人员服务响应及时，态度良好，结算账目清楚，能积极协助我单位解决售前、售中、售后过程中发生的问题</td><td></td><td></td><td></td><td></td></tr>
<tr><td></td><td colspan="4">综合评价</td><td></td><td></td><td></td><td></td></tr>
<tr><td>其他评价或建议</td><td colspan="8">客户单位（盖章）：
评价人：
评价日期：</td></tr>
</table>

附录 2

图书招标采购需求书样例

<table>
<tr><th rowspan="2">序号</th><th colspan="2">评分指标</th><th rowspan="2">评分标准</th><th rowspan="2">分值</th></tr>
<tr><th>一级指标</th><th>二级指标</th></tr>
<tr><td rowspan="2">1</td><td rowspan="2">商务部分（15 分）</td><td>同类业绩（12 分）</td><td>近三年投标人独立完成的同类项目业绩，每提供 1 份有效的业绩资料得 4 分，最多得 12 分</td><td>0~12 分</td></tr>
<tr><td>投标文件编制质量、对招标文件的响应程度（3 分）</td><td>内容完整、编制良好、完全响应招标文件的要求得 3 分；投标文件内容较完整、编制一般、基本响应招标文件的要求得 2 分；投标文件内容不完整、编制较差、未完全响应招标文件的要求得 0 分</td><td>0~3 分</td></tr>
<tr><td>2</td><td>价格部分（30 分）</td><td colspan="2">满足招标文件要求且报价最低的报价为评标基准价，其报价得分为满分。其他投标人的报价得分统一按照下列公式计算：投标报价得分 =（评标基准价 / 投标报价）× 30% × 100</td><td>0~30 分</td></tr>
<tr><td rowspan="3">3</td><td rowspan="3">技术部分（55 分）</td><td>国外出版社或图书代理机构合作经验（5 分）</td><td>提供有效的国外合作出版社或图书代理机构授权书（复印件加盖公章），每提供一个得 1 分，最多得 5 分</td><td>0~5 分</td></tr>
<tr><td>书目信息报道能力（18 分）</td><td>完全满足以下目录报道要求得 18 分，每项 3 分
（1）书目信息覆盖率高，对出版社覆盖率须达到 95% 以上
（2）书目信息搜集人熟练掌握西文，有通过网络等途径自主获取图书信息的能力及整合能力
（3）所提供目录信息时效性强，出版信息 30 天内可送达采访人员
（4）所提供目录信息针对性强，对采购方针调整适应能力强，专题目录提供能力强
（5）文献内容审读能力强
（6）书商 MARC 数据、目录报道信息完整准确</td><td>0~18 分</td></tr>
<tr><td>图书供货方案（12 分）</td><td>完全满足以下供货要求得 12 分，每项 3 分
（1）现货图书到货周期≤ 3 个月
（2）期货图书到货周期≤ 3 个月
（3）图书 6 个月到货率高于 95%
（4）提供完善、有效、合理的图书质量保证措施</td><td>0~12 分</td></tr>
</table>

续表

序号	评分指标		评分标准	分值
	一级指标	二级指标		
		服务保障措施（9分）	完全满足以下服务保障要求得9分，每项3分 （1）提供完善、有效、合理的数据查重、登录、记到、加磁条、贴条码、打贴书标等图书加工服务方案 （2）提供措施完善、有效、合理的退换货措施，响应及时，期限≤2个月 （3）提供完善、有效、合理的定期自动自查、定期回访等服务方案	0~9分
		网络技术支持（2分）	具有功能完善、性能稳定的专业化电子商务网站或电子化系统为书目报道、供货配送、后期服务等提供技术支持得2分，没有得0分	0~2分
		售后服务（9分）	售后服务有组织、有计划、人员配备合理，拟派人员综合能力针对性强，完全满足项目需求	9分
			售后服务有组织、有计划、人员配备较为合理，拟派人员综合能力针对性较强，基本满足项目需求	5分
			售后服务有组织、有计划、人员配备一般，拟派人员综合能力针对性一般，基本满足项目需求	3分
			售后服务无组织、无计划，人员配备不合理，拟派人员综合能力无针对性，不能满足项目需求	0分

附录 3

文献到货率考核表

以订单为考量对象	具体计算方法说明
订单数量（A）	合同年度时间段内订单数量（A）
对应订单的到货数量（B）	截至统计时止，对应订单（A）的到馆图书数量（B）
第三方原因无法到货数量（C）	绝版、暂时缺货、推迟出版、取消出版、审读问题等的数量合计（C）
3 个月内未到订单数量（D）	截至统计时止，3 个月内订单除第三方原因（C）之外的未到货数量（D）
到货率（E）	E=（A–C–D）/B

附录 4

核心图书出版社列表

采访量排序	出版社名称
1	Springer Nature
2	Taylor & Francis
3	John Wiley & Sons
4	Oxford University Press
5	De Gruyter
6	Rowman & Littlefield
7	Peter Lang
8	Cambridge University Press
9	Bloomsbury Academic and Professional
10	Brill
11	Elsevier Science & Technology
12	L'Harmattan
13	Emerald Publishing
14	Edward Elgar Publishing
15	World Scientific Publishing
16	Cambridge Scholars Publishing
17	Vandenhoeck & Ruprecht
18	University Press of Kansas
19	The University of Chicago Press
20	IGI Global
21	University of Virginia Press
22	University of South Carolina Press
23	Thames & Hudson
24	Princeton University Press
25	Penguin Random House
26	LexisNexis
27	Kent State University Press
28	Yale University Press

续表

采访量排序	出版社名称
29	Classiques Garnier
30	Sage Publications
31	Koch，Neff & Volckmar GmbH
32	Columbia University Press
33	University of Pittsburgh Press
34	Oxbow Books
35	University of British Columbia Press
36	University of Michigan Press
37	University Press of Kentucky
38	Wolters Kluwer Law & Business
39	Cornell University Press
40	ABC-CLIO，Inc
41	University of California Press
42	Boydell & Brewer
43	Pearson Education
44	KÖnigshausen & Neumann
45	American Mathematical Society
46	W.W. Norton
47	Skyhorse Publishing
48	Hurst Publishers
49	British Archaeological Reports
50	Transcript
51	Presses universitaires de Rennes
52	Harvard University Press
53	Policy Press
54	Central European University Press
55	Nomos Verlagsgesellschaft
56	Duke University Press
57	John Benjamins Publishing
58	Berghahn Books

续表

采访量排序	出版社名称
59	Indiana University Press
60	Thomson Reuters
61	University of Nebraska Press
62	Hermann
63	Stanford University Press
64	The Johns Hopkins University Press
65	McGill–Queen's University Press
66	Pen & Sword Books
67	Amsterdam University Press
68	The University of North Carolina Press
69	New York University Press
70	University of Toronto Press
71	University of Illinois Press
72	University of Pennsylvania Press
73	H. Champion
74	Mohr Siebeck
75	Cengage Learning
76	State University of New York Press
77	Rutgers University Press
78	McGraw–Hill Education
79	Wallstein
80	Franz Steiner Verlag
81	Il mulino
82	Universitatsverlag Winter
83	University of Hawaii Press
84	University of Minnesota Press
85	University of Washington Press
86	Fordham University Press
87	Michigan State University Press
88	The New Press

续表

采访量排序	出版社名称
89	W. Kohlhammer GmbH
90	Cognella Academic Publishing
91	Manchester University Press
92	Pluto Press
93	Otto Harrassowitz
94	ibidem
95	Grove Atlantic
96	LIT Verlag
97	Information Age Publishing
98	Haymarket Books
99	Utah State University Press
100	Macmillan Publishers

注：统计 2017—2021 年国家图书馆西文图书采访数据，得到国家图书馆采购文献种数最多的 100 家国外重要出版社列表，供业界参考。

后 记

本人在国家图书馆从事外文文献资源采访工作有10多年了，感谢国家图书馆这么好的平台，使我不断进步、不断成长。这些年来，我积极参与科研课题研究和项目实践工作，包括国内外重要图书馆的馆藏发展政策调研、国家图书馆“十四五”战略规划项目研究、国家图书馆外文文献资源建设历史资料整理、外文文献利用情况分析、馆藏文献评价指标体系设计和馆藏评估实践、中国古代典籍外文译本专题数据库元数据制作项目、外文开放获取图书建设项目、海外中国学研究书目整理工作等。

诚挚感谢在写书中给予我指导和帮助的各位良师益友，尤其是顾犇主任、宋仁霞副主任、朱硕峰老师、邓咏秋老师在我写作中给我很多的指点和鼓励，感谢圕人堂这个平台，感谢王启云老师、邱葵老师和其他专家的解惑，感谢中国图书进出口（集团）有限公司等书商提供的帮助和指导。本人已做出学术诚信承诺。这本书偏重图书馆业务实践，没有空洞的理论和口号，就是以实务教程的写法，告诉大家为什么要做，如何做，如何迈出采访工作第一步，希望这本书能给大家带来一些思考、一些收获，这就是我的写作初心。

新时期下图书馆发展的精髓是“资源多元融合化、服务科学人性化、技术智能易用化”。不管它叫数字图书馆也好，数智图书馆也好，还是智慧图书馆也好，文献资源采访实务中还会出现很多新的问题和挑战，需要不断思考和解决。但可以肯定的是，无论是传统图书馆时代还是智慧图书馆时代，文献资源采访都不应该被削弱，而是需要进一步做精、做优、做强。

2022年3月2日

国家图书馆

平安

后 记

本人在国家图书馆从事外文文献编目工作有10多年了。感谢国家图书馆这么好的平台，使我不断进步……[illegible]

[illegible]

[illegible]

2022年3月2日

[illegible]